이방인

세계교양전집 11

이방인

알베르 카뮈 지음
구영옥 옮김

올리버

알베르 카뮈Albert Camus

• 차례 •

제1부

1

오늘 엄마가 죽었다. 아니 어쩌면 어제. 잘 모르겠다. 양로원에서 보낸 전보를 받았다.

'모친 사망. 내일 장례. 근조.'

이 내용만으로는 정확하게 알 수 없다. 아마도 어제인 것 같다.

양로원은 알제에서 80킬로미터 떨어진 마렝고에 있다. 2시에 출발하는 버스를 타면 오후에는 도착할 것이다. 양로원에서 밤을 새우고 다음 날 저녁에는 돌아올 수 있을 것이다. 사장에게 이틀의 휴가를 신청했다. 사유가 사유이니만큼 거절하지 못했지만 못마땅한 듯싶었다. "제 잘못은 아닙니다"라고 말할 정도였으니까. 사장은 아무런 대꾸도 하지 않았다. 괜한 말을 했다 싶었다. 어쨌든 변명할 필요는 없었던 것이다. 오히려 사장이야말로 나에게 애도를 표해야 했다. 모레에는 상중일 테니 그때는 그리할 것이다. 지금 당장은 엄마가 죽지 않은 것과 같다. 장례가 끝나고 일이 마무리되면 모든 게 공식적인 모양새를 갖출 것이다.

2시에 버스를 탔다. 날씨가 무덥다. 여느 때처럼 셀레스트네 식당에서 점심을 먹었다. 식당에 있던 사람들이 나를 걱정했고 셀레스트는 "어머니는 세상에 딱 한 분뿐이지"라고 말했다. 내가 자리에서 일어나자 모두 나를 문까지 배웅했다. 귀찮았지만 검은색 넥타이와 상주 완장을 빌리러 에마뉘엘 집에 들러야 했다. 에마뉘엘의 삼촌이 몇 달 전에 돌아가셨다.

버스를 놓치지 않으려고 서둘렀다. 초조함에 잰걸음을 했고 버스의 흔들림과 휘발유 냄새 그리고 지면의 반사광과 햇볕이 모두 뒤섞여 졸음이 몰려왔다. 결국 가는 내내 잠을 잤다. 잠에서 깨어나 보니 어떤 군인에게 완전히 파묻혀 있었다. 그는 나를 보고 웃으며 멀리서 왔느냐고 물었다. 말이 길어지는 것이 싫어서 그저 "네"라고만 대답했다.

양로원은 마을에서 2킬로미터 떨어져 있다. 양로원까지는 걸어갔다. 곧장 엄마를 보려고 했지만 관리인은 먼저 원장을 만나야 한다고 했다. 원장이 바빴던 터라 조금 기다렸다. 기다리는 동안 관리인이 이런저런 이야기를 늘어놓았다. 잠시 후 원장을 만났다. 그는 원장실에서 나를 맞았다. 키가 작은 노인이었는데 레지옹 도뇌르 훈장을 달고 있었다. 맑은 눈으로 나를 바라봤다. 나와 악수하면서 그가 오랫동안 손잡고 있는 바람에 어떻게 손을 빼내야 할지 몰랐다. 그는 파일을 보면서 "뫼르소 부인은 삼 년 전에 이곳에 오셨군요. 부양자는 뫼르소 씨뿐이네요"라고 말했다. 나는 원장이 나를 나무라고 있다는 생각이 들어서 설명하기 시작했다. 하지만 원장은 내 말을 끊었다.

"설명하실 필요 없습니다. 어머니의 기록을 확인하는 것뿐이니까요. 아마도 간호가 필요한 어머니를 부양하기 힘드셨겠죠. 급여가 넉넉하지 않군요. 어머니는 이곳에서 그럭저럭 행복하게 지내셨어요."

"그렇군요, 원장님."

"아시다시피 어머니는 또래 친구가 많았어요. 여기서는 예전 관심사도 친구분들과 공유할 수 있고요. 게다가 뫼르소 씨는 아직 젊으니 어머니가 아드님과 지내시기에는 적적하셨을 겁니다."

원장이 덧붙였다.

사실이 그랬다. 우리가 같이 살았을 때 엄마는 말없이 눈으로 나를 쫓으면서 시간을 보냈다. 엄마는 양로원으로 거처를 옮긴 직후엔 자주 울었다. 이유가 딱히 있는 것은 아니다. 엄마는 원래 잘 울었다. 몇 달 후 양로원에서 나가자고 했어도 습관처럼 울었을 것이다. 작년에 양로원에 거의 오지 않았는데 다소 그런 이유도 있었다. 또 다른 이유로는 양로원에 오려면 일요일 하루가 통으로 소요된다는 것이다. 버스 정류소에 가서 표를 사고 두 시간을 도로에서 허비해야 하는 수고는 빼더라도 말이다.

원장은 내게 무슨 말을 계속하고 있었지만 귀담아듣지 않았다. 그러다 원장은 내게 "어머니가 보고 싶으시겠죠"라고 말했다. 나는 아무 말도 하지 않고 일어섰다. 문으로 향하는 그를 뒤따랐다. 계단에서 원장은 "어머니는 조그만 영안실에 모셔뒀습니다. 다른 분들이 동요하면 안 되니까요. 누군가 돌아가시면 그때마다 다른 분들이 이삼일은 힘들어하시거든요. 그러면 관리하기가 참 힘들어져요"라고 설명했다. 정원을 가로질러 가는데 그곳에 여러 노인이 삼삼오오 모여 이야기를 나누고 있었다. 우리가 가까워지면 이야기를 멈췄다가 지나가고 나면 다시 이야기를 시작했다. 마치 귀가 먹먹해질 것 같은 앵무새들의 재잘거림 같았다. 작은 건물 앞에서 원장이 말했다.

"뫼르소 씨, 저는 이만 사무실로 돌아갈게요. 도움이 필요하면 언제든 제 사무실로 오세요. 원칙적으로 장례는 오전 열 시에 치릅니다. 그러니 어머니 곁에 밤새 계실 수 있을 겁니다. 마지막으로 말씀을 드리자면 어머니는 친구분들에게 종교의식으로 장례를 치르고 싶다고 종종 말씀하신 것 같습니다. 필요한 절차는 제가 진행해뒀습니다. 그래도 알려드려야 할 것 같아서."

나는 감사하다고 인사했다. 엄마는 무신론자는 아니었지만 평생 종교에 대해서 생각해본 적이 없었다.

나는 안으로 들어갔다. 영안실은 석회를 발라 하얬고 큰 창이 나 있어 매우 환했다. 의자와 X자 모양의 다리로 된 받침대가 있었다. 그중에서 두 받침대 위에는 뚜껑이 덮인 관이 올려져 있었다. 눈에 띄는 것이라고는 갈색 뚜껑 위로 나와 있는, 박다 말아서 반짝이는 나사들뿐이었다. 관 옆에는 머리에 원색의 스카프를 두르고 흰 작업복을 입은 아랍인 간호사가 있었다.

그 순간 관리인이 내 뒤를 쫓아 들어왔다. 달려온 모양이었다. 그는 어쩔 줄 몰라 했다.

"뚜껑을 덮긴 했지만 어머니를 보실 수 있도록 나사를 풀겠습니다."

관리인이 관에 다가가자 그를 제지했다. "보고 싶지 않으세요?"라고 내게 물었다. 나는 그렇다고 대답했다. 관리인은 멈칫했고 나는 해서는 안 될 말을 한 것 같아 거북했다. 잠시 정적이 흘렀다. 그가 나를 쳐다보면서 "왜요?"라고 물었다. 하지만 비난하려는 것이 아니라 그저 궁금해하는 것 같았다. "나도 잘 모르겠네요"라고 대답했다. 흰 콧수염을 만지작거리면서 나를 보지 않은 채 "이해가 갑니다"라고 말했다. 맑고 푸른빛을 띤 그의 눈은 아름다웠다. 그의 안색에는 약간 붉은빛이 돌았다. 내게 의자를 내주고 자신도 내 뒤에 자리를 잡고 앉았다. 간호사가 일어서서 문으로 향했다. 그때 관리인이 내게 말했다.

"종양에 걸려서 그래요."

무슨 말을 하는 것인지 알 수 없었다. 간호사를 보니 눈 밑에서부터 머리 전체를 붕대로 감고 있었고 오뚝해야 할 코 부분은 편평했다. 얼굴에서 흰 붕대만 보였다.

간호사가 나가자 관리인이 말했다.

"그럼 저는 나가보겠습니다."

내가 무슨 행동을 했는지 모르겠지만 그는 나가지 않고 선 채로 내 뒤에 있었다. 그가 뒤에 있다고 생각하니 불편했다. 영안실 안은 아름다운 석양빛으로 가득 찼다. 말벌 두 마리가 창문에 부딪치며 붕붕거렸다. 졸음이 밀려왔다.

"여기에 오래 계셨어요?"

뒤를 돌아보지 않고 관리인에게 물었다.

"오 년 됐어요."

마치 오래전부터 내가 묻기를 기다린 듯이 곧장 대답했다.

그러고는 관리인은 한참 동안 이야기를 쏟아냈다. 누군가가 그에게 마렝고에 있는 양로원에서 관리인으로 생을 마치게 될 것이라고 말해줬더라면 깜짝 놀랐으리라. 그의 나이는 예순넷이었고 파리 출신이었다. 그때 그의 말을 끊었다.

"여기가 고향이 아니셨군요?"

그제야 나를 원장에게 데려가기 전에 그가 어머니에 대해 해준 이야기가 생각났다. 그가 말하길, 이곳은 들판이 특히 더워서 서둘러 매장해야 한다는 것이다. 그러면서 자신은 파리에서 산 적이 있고 그 기억을 잊을 수 없다고 말했다. 파리에서는 매

장하기 전까지 사흘, 때로는 나흘 정도 시간이 있지만 이곳에서
는 지체할 시간이 없었다. 슬퍼할 겨를도 없이 운구차를 쫓아가
야 할지도 몰랐다. 그때 관리인의 아내가 "그만해요. 이분에게
지금 그런 이야기를 할 때가 아니잖아요"라고 말했다. 관리인은
얼굴을 붉히며 사과했다. 내가 끼어들어 "무슨 말씀을요. 괜찮
습니다"라고 말했다. 관리인의 말은 틀린 말이 아니었고 재밌기
도 했다.

　그 조그만 영안실에서 관리인이 극빈자로 양로원에 들어왔다
는 것을 알게 됐다. 그는 아직 건강했으므로 관리인 자리에 지
원했다. 내가 그에게 그쪽도 결국 재원자在院者(정신병원, 양로원 등
의 시설에서 보호를 받는 사람을 말한다-역주)가 아니냐는 식으로 꼬
집어 말하자 그는 아니라고 했다. 양로원의 재원자들을 두고 '그
들', '저 사람들' 때로는 '노인네들'이라고 말하는 것을 듣고는 진
작 놀랐는데 그들 중에는 그보다 나이가 적은 사람도 있었기 때
문이다. 물론 똑같지는 않다. 그는 관리인이었고 어느 정도 재원
자들에 대한 권한을 가지고 있었다.

　그때 간호사가 들어왔다. 어느덧 해가 저물고 있었다. 어둠이
삽시간에 창문 너머로 짙게 깔렸다. 관리인이 스위치를 켜자 갑
작스러운 불빛에 앞이 보이지 않았다. 그는 저녁을 먹으러 구내
식당으로 가자고 제안했다. 하지만 나는 배가 고프지 않았다. 그
러자 그는 나에게 밀크커피 한 잔을 가져다주겠다고 했다. 나는

밀크커피를 꽤 좋아했기 때문에 그러라고 했다. 잠시 후 쟁반에 받쳐서 커피를 가져왔다. 나는 커피를 마셨다. 커피를 마시고 나니 담배 생각이 났다. 하지만 엄마 앞에서 그래도 되는지 잠시 망설였다. 가만 생각하니 문제 될 것이 없다 싶어 관리인에게 담배 한 대를 권했고 같이 담배를 피웠다.

갑자기 관리인이 말했다.

"알고 계실 테지만, 어머니의 친구분들이 조문을 오실 겁니다. 그게 관례니까요. 블랙커피와 의자를 더 가져와야겠습니다."

나는 관리인에게 혹시 조명 하나를 끌 수 없는지 물었다. 흰 벽에 반사된 조명 빛 때문에 눈이 피로했기 때문이다. 그는 그럴 수 없다고 했다. 조명이 모두 꺼지든지 아니면 모두 켜지도록 설치되어 있다는 것이다. 나는 그에게 더 이상 신경 쓰지 않았다. 그는 나갔다가 다시 들어와 의자를 배치했다. 한 의자 위에 컵을 쌓아놓고 그 옆에는 커피포트를 올려뒀다. 그러고는 어머니 맞은편으로 나와 마주 보고 앉았다. 간호사 역시 영안실에 남아서 등을 돌리고 앉아 있었다. 뭘 하는지 알 수 없었지만 팔의 움직임으로 봐서는 뜨개질을 하는 듯했다. 방 안은 포근했고 커피를 마셔서 몸은 따뜻했으며 열린 창문으로 밤공기와 꽃향기가 들어왔다. 나는 잠깐 졸았던 것 같다.

무언가 스치는 느낌에 잠에서 깼다. 눈을 감고 있던 탓에 하얀 실내가 더욱 환한 느낌이었다. 내 앞에 그림자라고는 찾아볼 수 없었고 모든 물건과 모서리 그리고 모든 곡선이 순백으로 또렷해서 눈을 찌르는 듯했다. 그때 엄마의 친구들이 들어왔다. 다 합해서 열 명은 되어 보였다. 눈을 뜨기 힘들 정도로 환한 영안실 안으로 조용히 미끄러지듯 들어왔다. 모두 의자에 앉는 동안 삐걱거리는 소리는 전혀 나지 않았다. 나는 처음 보는 사람인 양 이들을 쳐다보면서 생김새나 복장 하나 놓치지 않았다. 아무런 기척도 들리지 않아서 현실감이 없었다. 여자들은 하나같이 앞치마를 두르고 있었는데 허리를 바싹 졸라맸기 때문에 배가 더 불룩해 보였다. 그때까지 노부인들의 배가 이렇게까지 불룩한지 몰랐다. 남자들은 대부분 비썩 말라서 지팡이를 짚고 있었다. 그들의 얼굴을 보면서 인상 깊었던 것은 눈은 보이지 않았고 잔뜩 주름진 눈두덩에서 희미한 눈빛만이 보인다는 것이다. 의자에 앉으면서 모두 나를 쳐다보며 힘겹게 고개를 끄덕였고 이가 빠져 입술은 입안으로 말려 있었다. 나는 이들이 나에게 인사를 한 것인지 노인성 경련 때문인지 알 수 없었다. 그보다는 나에게 인사를 한 것이라고 생각한다. 그때 엄마의 친구들 모두가 관리인 옆에 앉아서 나를 마주 보고 고개를 흔들고 있다는 것을 알아챘다. 나를 심판하려고 여기 온 것은 아닐까 하는 터무니없는 생각이 들었다.

얼마 지나지 않아 누군가 울기 시작했다. 두 번째 줄에 앉아 있는 여자였는데 다른 사람에게 가려져서 잘 보이지 않았다. 작은 울음소리를 일정하게 내며 울었다. 전혀 멈출 기색이 없어 보였다. 다른 사람에게는 그 울음소리가 안 들리는 듯했다. 그들은 축 처져 있었고 기력이 없었으며 조용했다. 모두 관이나 지팡이 또는 그 무언가를 보고 있었는데 그것만을 계속 바라봤다. 여자는 여전히 울고 있었다. 내가 모르는 사람이 그렇게 우는 통에 더 놀랐다. 더 이상은 울음소리를 듣고 싶지 않았다. 하지만 그렇게 말할 엄두가 나지 않았다. 관리인은 그 여자 쪽으로 허리를 숙이더니 무슨 말을 했다. 하지만 그 여자는 고개를 가로저으며 뭐라고 중얼거리고는 일정하게 울음소리를 내며 계속 울었다. 그러자 관리인이 내 쪽으로 와서 옆에 앉았다. 한참 잠자코 있더니 나를 보지 않고 설명해줬다.

"어머님과 가장 친한 사이였죠. 여기서 유일한 친구였는데 이제는 곁에 아무도 남아 있지 않다고 하는군요."

우리는 오랜 시간 그렇게 앉아 있었다. 여자의 탄식과 흐느낌도 꽤 잦아들었다. 코를 부쩍 훌쩍거리다 멈췄다. 나는 잠이 달아났지만 피곤했고 허리가 아팠다. 이제 모든 사람의 침묵이 견디기 힘들었다. 가끔 희한한 소리가 들렸는데 무슨 소리인지 분간할 수 없었다. 나중에야 노인들 중 몇몇이 볼 안쪽 살을 빨아들이면서 내는 기이한 혀 차는 소리라는 걸 알아챘다. 그들은 이 소리를 의식하지 못할 정도로 각자 생각에 빠져 있었다. 그들

가운데에 누워 있는 고인이 그들에게는 아무런 의미가 없는 것이 아닌가 하는 생각마저 들었다. 지금 돌이켜보면 틀린 생각이었다.

우리는 관리인이 따라주는 커피를 다 같이 마셨다. 그 후에 무엇을 했는지 모르겠다. 밤이 지나갔다. 내가 기억하는 것은 눈을 떴을 때 노인들이 고개를 수그리고 자고 있었다는 것이다. 그중 한 노인만이 깨어 있었는데 지팡이를 쥔 손등에 턱을 대고 내가 깨어나길 기다린 듯이 나를 노려보고 있었다. 그리고 나서도 나는 다시 잠들었다. 시간이 지날수록 허리에 통증이 심해져서 잠에서 깼다. 창밖으로 해가 뜨고 있었다. 잠시 후에 노인들 중 한 명이 잠에서 깼고 심하게 기침했다. 그는 체크무늬 손수건에 가래를 뱉었는데 가래를 뱉을 때마다 목젖이 튀어나올 것 같았다. 그 바람에 다른 사람들도 잠에서 깨어났고 관리인이 출발해야 한다고 말했다. 모두 자리에서 일어났다. 불편하게 밤을 지새운 탓에 얼굴이 모두 잿빛이었다. 나가면서 모두 내게 악수를 청해서 나는 깜짝 놀랐다. 지난밤 동안 한마디도 나누지 않았음에도 우리가 부쩍 친밀해지기라도 한 것 같았기 때문이다.

나는 피곤했다. 관리인이 나를 자기 집으로 데려가서 나는 간단하게 세수할 수 있었다. 밀크커피가 맛이 좋아서 더 마셨다. 집을 나설 때는 날이 완전히 밝았다. 마렝고와 바다를 가르는 언덕 위로 하늘이 붉게 물들었다. 언덕 위로 부는 바람이 바다의

짠 내를 여기까지 싣고 왔다. 아름다운 날이 시작되고 있었다. 시골에 와본 지가 꽤 됐기 때문에 엄마 일만 아니라면 산책하는 것이 얼마나 즐거울까 하고 생각했다.

하지만 나는 안마당에 있는 플라타너스 아래서 사람들을 기다렸다. 상쾌한 흙냄새를 맡으니 더 이상 졸리지 않았다. 회사 동료들이 생각났다. 지금쯤이면 일어나 출근 준비를 할 시간이다. 나는 이 시간이 항상 제일 괴로웠다. 이런 생각에 조금 더 골몰하고 있었는데 건물들 안에서 울리는 종소리에 생각이 멈췄다. 창 안쪽에서 소란이 있다가 이내 잠잠해졌다. 해가 조금 더 높이 솟아 있었다. 발이 더워지기 시작했다. 관리인은 안마당을 가로질러 와서 원장이 나를 찾는다고 했다. 나는 원장실로 향했다. 나에게 서류 몇 장에 서명하게 했다. 그를 보니 줄무늬 바지에 검은색 상의를 입고 있었다. 원장은 한 손에 수화기를 들고 나에게 물었다.

"장례 직원들이 조금 전에 도착했어요. 곧 관을 닫아야 하는데 마지막으로 어머니를 한 번 더 보시겠습니까?"

나는 괜찮다고 했다. 그는 수화기에 대고 "피작, 사람들에게 출발하라고 전해주게"라고 낮은 목소리로 지시했다.

원장은 장례식에 참석하겠다고 했고 나는 그에게 감사하다고 인사했다. 그는 책상으로 가 앉아서 짧은 다리를 꼬았다. 당직 간호사와 함께 둘만 참석할 것이라고 알려줬다. 원칙상 재원자들은 장례식에 참석할 수 없었다. 원장은 재원자들에게 밤샘만 허락했다. 그는 "이건 도리의 문제니까요"라며 힘주어 말했다. 하지만 원장은 이번에 엄마의 오랜 친구인 '토마 페레' 씨에게만 장례 행렬을 따라가도 좋다고 허락했다. 그러면서 원장은 미소를 지었다. 그는 "아시다시피 약간 유치한 감정이죠. 하지만 그분과 어머니는 잠시도 떨어지지 않았어요. 양로원에서 페레 씨에게 '저기 자네 약혼자가 있군'이라며 놀리기도 했죠. 그러면 페레 씨는 웃음을 터뜨렸어요. 이런 농담도 두 분은 즐거웠던 거죠. 그래서 페레 씨는 뫼르소 부인의 죽음에 크게 상심했어요. 그래서 허락하지 않을 수 없겠더군요. 하지만 파견 의사의 조언에 따라 어제 밤샘만은 허락하지 않았어요"라고 말하며 웃었다.

우리는 꽤 오랜 시간을 잠자코 있었다. 원장은 일어나 창문으로 밖을 내다봤다. 그때 누군가를 알아봤다. "저기 마렝고 신부님이 벌써 오셨네요. 일찍 오셨군요"라고 말했다. 원장은 내게 마을 교회까지 걸어가려면 45분은 족히 걸린다고 미리 귀띔해 줬다. 우리는 내려갔다. 건물 앞에는 신부와 성가대 옷을 입은 두 아이가 있었다. 한 아이가 향로를 들고 있었는데 신부는 허리를 숙이고 은 사슬의 길이를 조절하고 있었다. 우리가 다가가자 신부는 허리를 곧추세웠다. 그는 나를 '나의 아들(가톨릭에서 신부가 남자 신도를 부를 때 쓰는 표현이다-역주)'이라고 부르며 위로의 말을 건넸다. 신부가 안으로 들어갔다. 나는 그 뒤를 따랐다.

관은 나사로 고정되어 있었고 안에는 검은색 옷을 입은 네 명의 남자가 한눈에 보였다. 운구 마차가 도로에서 대기 중이라는 원장의 말과 함께 신부가 기도를 시작했다. 그때부터 모든 것이 빠르게 진행됐다. 남자들이 천을 들고 관으로 다가갔다. 신부와 성가대 아이들, 원장과 함께 밖으로 나갔다. 문 앞에는 내가 모르는 한 부인이 있었다.

"이분이 뫼르소 씨입니다."

원장이 말했다. 부인의 이름을 제대로 듣지 못했지만 당직 간호사임을 알아차렸다. 앙상하고 긴 얼굴의 간호사는 웃음기 없이 고개를 숙였다. 그리고 우리는 관이 지나갈 수 있도록 비켜섰다. 우리는 관을 든 사람들을 따라서 양로원을 나섰다. 문 앞에는 마차가 대기 중이었다. 반짝반짝 윤이 나고 긴 마차를 보니 필통이 떠올랐다. 마차 옆에 장례지도사가 있었다. 우스꽝스러운 옷을 입은 키가 작은 사내였다. 그리고 꾸어다 놓은 보릿자루처럼 서 있는 한 노인이 있었다. 이 노인이 페레 씨일 거라는 생각이 들었다. 정수리 부분이 둥글고 챙이 넓은 중절모를 쓰고 있었고 (관이 문을 지나자 모자를 벗었다) 구두 위로 바지의 끝단이 말려 있었으며 검은색 나비넥타이는 큰 셔츠에 비해 너무도 작았다. 까만 피지가 가득 박힌 코 아래로 입술이 부르르 떨리고 있었다. 이상하게 말려 있는 귓바퀴 뒤로 얇디얇은 흰 머리카락이 넘겨져 있었는데 신기하게 생긴 귀는 창백한 얼굴과는 달리 핏빛인 것이 인상적이었다. 장례지도사는 우리가 설 자리를 알려줬다. 신부가 앞장서고 그 뒤를 운구 마차가 따랐다. 네 명의 남자가 운구 마차를 둘러쌌다. 그 뒤로 원장과 내가 섰고 당직 간호사와 페레 씨가 행렬의 후미에 섰다.

해가 벌써 중천에 솟아 있었다. 뙤약볕이 땅을 짓눌렀고 온도는 빠르게 높아졌다. 행렬을 시작하기 전에 왜 그리 오래 기다린 것인지 알 수 없었다. 검은색 옷을 입고 있어 더웠다. 페레 씨는 쓰고 있던 모자를 벗었다. 페레 씨 쪽을 보고 있을 때 원장이 페레 씨에 관한 이야기를 들려줬다. 그가 말하길, 엄마와 페레 씨는 저녁에 간호사를 동반하고 종종 마을까지 산책하러 갔다고 한다. 주변의 풍경을 살폈다. 하늘에 닿을 듯한 언덕까지 늘어선 삼나무 가로수 사이로 적갈색과 초록색의 땅, 띄엄띄엄한 그림 같은 집들을 보니 엄마가 그럴 만했다고 생각했다. 이 고장에서 저녁은 우수 어린 휴식과도 같았을 것이다. 하지만 오늘은 이글거리는 태양이 그 풍경을 비틀어버려서 비인간적이고 의기소침하게 만들었다.

우리는 걷기 시작했다. 그때 페레 씨가 다리를 약간 절뚝인다는 것을 알아챘다. 마차는 점점 빨라졌고 페레 씨는 뒤처졌다. 마차를 둘러싼 남자들 중 한 명이 뒤떨어져 이제는 나와 같이 걸었다. 태양이 솟아오르는 속도는 놀라웠다. 나는 한참 전부터 들판에서 벌레들이 붕붕 소리를, 풀들이 따닥따닥 소리를 내고 있다는 것을 깨달았다. 땀이 볼을 타고 흘러내렸다. 나는 모자가 없었기 때문에 손수건으로 부채질했다. 장례 직원들 중 한 명이 내게 말을 걸었는데 무슨 말인지 알아듣지 못했다. 그는 말을 건네면서 오른손으로 모자의 챙을 들어 올리고 왼손에 들고 있던 손수건으로 머리를 문질렀다. "뭐라고 하셨죠?"라고 묻자 그는 다시금 하늘을 가리키며 "푹푹 찌네요"라고 대답했다. 나는 "네"라고 했다. 잠시 후 "어머니가 돌아가신 건가요?"라고 물었다. 나는 또 "네"라고 대답했다.

"연세가 많으셨나요?"

나는 "그런 편이죠"라고 답했는데 엄마 나이를 정확하게 알지 못했기 때문이다. 뒤돌아보니 노쇠한 페레 씨는 우리보다 50미터쯤 뒤처져 있었다. 그는 손에 쥔 모자를 열심히 흔들면서 서둘러 걷고 있었다. 이번에는 원장을 쳐다봤다. 그는 불필요한 행동은 하지 않은 채 근엄하게 걷고 있었다. 이마에 땀이 맺혀 있었지만 닦지 않았다.

행렬의 속도가 조금 빨라진 것 같았다. 주위로는 태양 빛이 반사되어 들판이 빛나고 있었는데 내내 이런 풍경이 펼쳐지고 있었다. 작열하는 태양을 견디기 힘들었다. 어느 순간 우리는 최근 다시 포장한 길로 접어들었다. 불볕 때문에 아스팔트가 갈라터져 있었다. 그 사이를 발로 눌러보니 펄프가 삐져나왔다. 마차 위에 있는 마부의 가죽 모자가 익어가고 있었는데 검은색의 진

창에서 삶아낸 것 같았다. 파랗고 하얀, 단조로운 하늘 사이에서 틈이 벌어진 끈적이는 검은 아스팔트, 검은색 옷들, 마차의 검은색 옻칠 때문에 정신이 아득했다. 태양, 마차에서 나는 가죽과 말똥 냄새, 옻칠 냄새, 향 냄새, 밤샘으로 말미암은 피로, 이모든 것이 내 시야와 생각을 흐리게 만들었다. 나는 한 번 더 뒤를 돌아봤다. 페레 씨가 멀찍이 보였는데 지열의 아지랑이 속에서 사라졌고 그를 더 이상 찾지 못했다. 그가 시야에 다시 들어왔을 때 길에서 벗어나 밭을 가로지르는 것을 봤다. 그와 동시에 앞을 보니 길이 꺾여 있었다. 지역을 잘 아는 페레 씨가 우리를 따라잡으려고 질러갔다는 것을 알았다. 길이 꺾이는 곳에서 그는 우리와 합류했다. 다시금 그는 우리에게서 멀어졌다. 다시 밭을 가로질렀고 여러 차례 그렇게 반복했다. 나는 관자놀이에서 혈관이 뜀박질하는 것이 느껴졌다.

모든 일이 일사천리였고 정확했으며 자연스럽게 진행되어서 기억에 남는 것은 더 이상 없다. 딱 한 가지만 기억난다. 마을에 들어설 때 당직 간호사가 내게 말을 건넸다. 간호사는 얼굴과는 어울리지 않는, 감미롭지만 약간 떨리는 목소리였다. 간호사는 내게 말했다.

"천천히 가면 일사병에 걸릴 수 있어요. 그렇다고 빨리 가게 되면 땀을 많이 흘려서 교회에 도착하면 오한이 들 수 있고요."

간호사의 말이 맞았다. 달리 방법이 없었다. 그날은 몇 가지 장면으로만 기억에 남아 있다. 가령 마을 어귀에서 마지막으로 우리와 합류했을 때 페레 씨의 얼굴 같은 것이다. 흥분과 슬픔이 뒤섞인 눈물이 그렁그렁하다가 뺨을 타고 흘렀다. 하지만 주름 때문에 곧장 흐르지는 않았고 갈라졌다가 다시 합쳐져 엉망이 된 얼굴 위로 반질반질한 눈물 자국이 남았다. 교회와 인도에 있던 마을 사람들, 묘지에 있는 무덤들에 붉게 핀 제라늄, 실신한 페레 씨(마치 팔다리가 빠진 꼭두각시 같았다), 엄마의 관 위로 떨어지던 핏빛 흙, 거기에 섞여 있던 뿌리들의 하얀 속살, 또다시 사람들, 목소리들, 마을, 카페 앞에서의 기다림, 모터에서 끊임없이 들려오는 부르릉 소리, 버스가 빛의 둥지 알제에 도착하고 이제 누워서 열두 시간은 잘 수 있다고 생각하면서 느낀 기쁨.

2

잠에서 깨면서 내가 이틀의 휴가를 신청했을 때 왜 사장이 달가워하지 않았는지 알게 됐다. 오늘이 토요일이었던 것이다. 미처 생각하지 못했는데 일어나서면서 이 생각이 떠올랐다. 당연히 사장은 내가 일요일까지 총 나흘이나 쉰다고 생각했을 것이고 이런 점이 언짢았던 거다. 하지만 오늘이 아닌 어제 장례를 치른 것은 내 탓이 아닐 뿐만 아니라 어쨌거나 나는 토요일과 일요일을 쉬었을 것이다. 물론 사장의 기분을 이해하지 못할 것도 없었다.

어제 너무 힘든 하루를 보낸 탓에 일어나기가 힘들었다. 면도하면서 무얼 할지 고민했고 해수욕을 하기로 했다. 항구의 해수욕장으로 가기 위해 전차를 탔다. 해수욕장에 도착해서 바닷속으로 뛰어들었다. 젊은 사람이 많았다. 물속에 있는 마리 카르도 나를 발견했다. 우리 회사에서 전에 타이피스트로 일했는데, 그때 이 여자와 잘해보고 싶었다. 마리도 그랬으리라 생각한다. 하지만 얼마 안 돼 회사를 나갔고 우리는 그럴 기회가 없었다. 마리를 튜브 위로 올려주다가 젖가슴을 스쳤다. 나는 여전히 물속에 있었고 마리는 그새 튜브 위에서 이미 엎드리고 있었다. 마리는 내 쪽으로 몸을 돌렸다. 머리카락이 눈을 덮어버리자 웃었다. 튜브 위로 올라가 마리 옆에 앉았다. 날씨가 좋았다. 나는 장난치는 것처럼 머리를 뒤로 젖혀 그녀의 배를 베고 누웠다. 마리는 아무 말도 하지 않았고 나는 그대로 있었다. 하늘이 한눈에 들어왔다. 파란 황금빛 하늘이었다. 마리의 배가 천천히 오르락내리락하는 게 목덜미에서 느껴졌다. 오랜 시간 튜브 위에 있으면서 반쯤 잠이 들었다. 햇볕이 뜨거워지자 마리는 물속으로 들어갔고 나도 뒤따랐다. 그녀를 따라잡아 팔로 허리를 휘감고 함께 수영했다. 마리는 줄곧 웃고 있었다. 방파제에서 몸을 말리는 동안 마리는 "내가 더 탔어요"라고 말했다. 저녁에 영화를 보러 가지 않겠느냐고 물었다. 마리는 여전히 웃으면서 페르낭델이 나오는 영화를 보고 싶다고 했다. 옷을 갈아입으면서 내 검정 넥타이를 보고 크게 놀란 듯했다. 내게 상을 당했느냐고 물었다. 엄마가 돌아가셨다고 대답했다. 언제였는지 묻길래 "어제"라고 대답했다. 마리는 흠칫했지만 이에 대해 아무 말도 하지 않았다. 내 잘못이 아니라고 말하고 싶었지만 그만뒀다. 이미 사장에게도 했던 말이고 아무런 의미도 없는 말이다. 어찌 됐든 사람은 항상 조금씩 실수를 저지른다.

그날 저녁이 되자, 마리는 막상 모든 것을 잊었다. 영화는 가끔 재밌었지만 갈수록 형편없었다. 마리는 다리를 내 다리에 기댔다. 나는 그녀의 가슴을 어루만졌다. 영화가 끝날 때쯤에 마리에게 키스했지만 별로였다. 영화관을 나와서 마리는 우리 집에 왔다.

잠에서 깼을 때 마리는 떠나고 없었다. 이모네에 가야 한다고 내게 말했었다. 오늘이 일요일이라는 생각이 들자 지겨워졌다. 나는 일요일이 싫다. 그래서 침대로 돌아가 베개에 밴 마리의 머리카락에서 나던 소금 냄새를 맡으며 10시까지 더 잤다. 그러고는 계속 누운 채 정오가 될 때까지 담배를 몇 대 피웠다. 여느 때와는 달리 셀레스트네 식당에서 점심을 먹고 싶지 않았다. 분명 질문을 해댈 테고 그 점이 달갑지 않았다. 남은 빵이 없었지만 사러 내려가기도 싫어서 달걀 요리를 해서 그릇째 먹었다.

점심을 먹고 나니 조금 지루해서 아파트 안을 서성거렸다. 엄마와 같이 살 때는 아파트가 적당했다. 하지만 지금 혼자 살기에는 너무 커서 식탁을 내 방으로 옮겨야 했다. 나는 내 방에서만 지내면서 조금은 내려앉은 밀짚 의자와 유리창이 노래진 옷장, 화장대 그리고 구리 침대만 사용했다. 나머지는 그대로 놔뒀다. 잠시 후 뭐라도 해야겠다 싶어 지난 신문을 꺼내 읽었다.

크뤼센 소금 광고를 잘라서 오래된 노트에 붙였다. 신문에서 재
밌는 것을 보면 붙여두는 노트였다. 또 손을 씻고 이윽고 발코니
로 갔다.

내 방은 교외의 큰길을 향해 있다. 화창한 오후였다. 하지만
도로 포석은 기름때로 끈적거렸고 뜸하게 지나가는 사람들은
발걸음을 재촉했다. 산책하러 나온 가족들이 눈에 들어왔다. 두
남자아이는 세일러복 윗옷과 무릎 아래까지 오는 반바지를 입
고 있었는데 풀 먹인 옷이 불편한 듯했고, 어린 여자아이는 커다
란 분홍 머리끈을 하고 있었고 반짝이는 검정 구두를 신고 있
었다. 아이들의 엄마가 그 뒤를 따랐는데 덩치가 컸고 밤색 실크
원피스를 입고 있었다. 아이들의 아버지는 나와 안면이 있었는
데 무척 허약해 보였다. 검은색 나비넥타이에 납작한 밀짚모자
를 쓰고 한 손에는 지팡이를 짚고 있었다. 부인과 함께 있는 걸
보니 이 동네에서 그를 두고 왜 점잖은 사람이라고 말하는지를
알 것 같았다. 잠시 후 교외에 사는 젊은이들이 지나갔는데 이
들은 헤어스프레이로 머리를 고정하고 빨간 넥타이를 매거나 수
를 놓은 손수건을 몸에 꽉 끼는 상의에 꽂고 앞코가 네모난 구
두를 신고 있었다. 시내에 있는 극장에 가려는 것 같았다. 그래
서 서둘러 출발해 환하게 웃으면서 전차를 타러 걸음을 재촉했
을 것이다.

이들이 지나가고 난 후, 거리는 점점 한산해졌다. 여기저기서

공연이 시작됐으리라. 거리에는 가게와 고양이들뿐이었다. 거리를 가득 메운 무화과나무 위로 펼쳐진 하늘은 맑았지만 눈부시지는 않았다. 맞은편 인도에서 담배 가게 주인이 의자를 가지고 나와 문 앞에 자리를 잡았다. 의자에 걸터앉아 등받이에 두 팔을 걸쳐놨다. 조금 전까지만 해도 만원이던 전차는 거의 비어 있었다. 담배 가게 옆에 있는 작은 카페, '셰 피에로'에서는 젊은 종업원이 텅 빈 실내의 바닥을 쓸고 있었다. 정녕 일요일의 풍경이었다.

나는 의자를 돌려 담배 가게 주인처럼 의자를 뒀다. 그게 더 편해 보였다. 담배 두 개비를 피우고 안으로 들어가 초콜릿 한 조각을 가지고 나와 창가에서 먹었다. 잠시 후 하늘이 흐려졌는데 여름 폭풍우가 쏟아질 것 같았다. 하지만 점차 날이 갰다. 그래도 구름이 지나가면서 비가 올 것처럼 거리를 더 어둡게 만들었다. 나는 오랫동안 하늘을 바라봤다.

5시가 되자 전차들이 소음을 내며 도착했다. 전차는 교외에 있는 경기장에서 관중 한 무리를 실어 왔는데 이들은 난간이나 계단에 올라 서 있었다. 속속 도착하는 전차에서 사람들이 내렸고 작은 가방을 들고 있는 것으로 보아 선수들 같았다. 선수들은 자기 클럽이 영원히 승리하리라 한껏 소리를 지르고 노래를 불렀다. 몇몇이 나에게 알은체했다. 그중 누군가는 나를 보고 "우리가 이겼어요"라고 소리치기까지 했다. 그래서 나는 고개를 끄덕이며 "그렇군요" 하는 몸짓을 했다. 그때부터 자동차들이 몰려들기 시작했다.

해가 조금 기울었다. 지붕들 위로 하늘이 불그스름해지며 저녁이 시작되려고 하자 거리에 활기가 돌았다. 산책하러 나갔던 사람들이 점차 돌아오고 있었다. 그 가운데 아까 본 그 점잖은 사람도 있었다. 아이들은 울거나 억지로 끌려오고 있었다. 그와 동시에 동네 영화관에서 관람객 한 무리가 거리로 쏟아져 나왔다. 그중 젊은이들은 평소보다 절도 있는 몸짓을 하는 걸 보니 모험 영화를 보고 나온 것 같았다. 시내 영화관에서 돌아오는 사람들은 조금 늦게 도착했다. 다소 심각한 얼굴이었다. 여전히 웃고는 있었지만 때때로 피곤해 보였고 생각에 잠겨 있기도 했다. 거리에 남아 맞은편 인도에서 이리저리 오갔다. 모자를 쓰지 않은 동네 아가씨들은 서로 팔짱을 끼고 있었다. 젊은 청년들은 이 아가씨들과 일부러 마주치려 하면서 농담을 던졌고 아가씨들은 고개를 돌리며 웃었다. 아가씨들 중 나를 알고 있는 몇몇이 내게 손짓했다.

이때 가로등이 갑자기 켜졌고 밤하늘에 처음 뜬 별들을 흐리게 만들었다. 거리에 가득한 사람들과 불빛을 보고 있자니 눈이 피곤했다. 가로등 때문에 젖은 포석이 빛났고 일정한 간격으로 도착하는 전차가 사람들의 반짝이는 머리카락과 웃음, 은팔찌에 그림자를 만들었다. 잠시 후 전차가 점차 뜸해지면서 나무들과 가로등 위로 밤이 깊어지자 동네는 어느새 텅 비었고 처음으로 도착한 고양이가 다시금 발길이 끊긴 거리를 천천히 가로질렀다. 그 순간 저녁을 먹어야 한다는 생각이 들었다. 오랜 시간 의자에 등을 기대고 있던 탓에 목이 조금 아프기도 했다. 빵과 스파게티 면을 사러 내려갔다. 요리하고 선 채로 먹었다. 창가에서 담배를 피우고 싶었지만 공기가 차서 조금 추웠다. 창문을 닫고 안으로 들어오는데 거울에 비친 식탁 모퉁이가 눈에 들어왔다. 식탁에는 알코올램프와 그 옆으로 빵 부스러기가 널브러져 있었다. 또 이렇게 일요일이 지나가고 엄마는 이제 땅속에 묻혔으며 내일은 다시 출근할 것이다. 결국 변한 건 아무것도 없다는 생각이 들었다.

3

오늘 사무실에서 일을 많이 했다. 사장은 살가웠다. 내게 피곤하지 않은지 물었고 엄마의 나이도 물었다. 실수하지 않으려고 "예순 정도 되셨습니다"라고 답하자 사장은 안도하며 이미 지난 일이라 여기는 기색이었는데 그 이유를 알 수 없었다.

내 책상 위에 선하증권船荷證券(해상 운송에서, 화물의 인도 청구권을 표시한 유가증권-역주) 한 뭉치가 쌓여 있었고 전부 검토해야 했다. 점심을 먹으러 나가기 전에 손을 씻었다. 나는 정오의 이 순간을 가장 좋아한다. 수건 한 장을 모두 같이 사용하기 때문에 오후가 되면 축축해져서 내키지 않는다. 한 수건을 종일 사용한 것이다. 어느 날은 이 점을 사장에게 전달했다. 사장은 안타깝지만 어찌 됐든 사소한 일 아니냐고 대답했다. 나는 조금 늦은, 12시 반쯤 출하를 담당하는 에마뉘엘과 나섰다. 사무실은 바다에 면해 있었서 우리는 잠시 짬을 내 햇볕으로 달아오른 항구에 정박한 화물선들을 바라봤다. 그때 트럭 한 대가 요란한 쇠사슬 소리와 굉음을 내며 달려오고 있었다. 에마뉘엘이 내게 "뛸까?"라고 물었고 나는 뛰기 시작했다. 트럭이 우리를 앞질렀고 우리는 트럭을 쫓았다. 나는 소음과 먼지에 파묻혔다. 더 이상 아무것도 보이지 않았고 권양기와 기계들, 수평선을 따라 춤추는 돛대와 우리를 스쳐 지나가는 선체들 사이에서 달리고 싶은, 주체할 수 없는 충동만을 느꼈다. 내가 먼저 트럭을 따라잡아 뛰어올랐다. 그러고 나서 에마뉘엘도 올라타도록 잡아줬다. 우리는 숨을 헐떡였고 트럭은 먼지와 햇볕 속에서 부두의 울퉁불퉁한 포석 위로 덜컹거리며 달렸다. 에마뉘엘은 숨도 못 쉴 정도로 웃었다.

우리는 땀에 흠뻑 젖은 채 셀레스트네 식당에 도착했다. 셀레스트는 불룩한 배 위로 앞치마를 입고 흰 콧수염을 기르고는 어김없이 식당에 있었다. 나에게 "괜찮아?"라고 물었다. 나는 괜찮다고 대답하고는 배가 고프다고 말했다. 서둘러 밥을 먹고 커피를 마셨다. 그러고는 집에 가서 잠시 눈을 붙였다. 와인을 너무 많이 마셨던 것이다. 잠에서 깨자 담배가 당겼다. 시간이 늦어 전차를 타러 달려갔다. 오후 내내 일만 했다. 사무실은 매우 더웠다. 그래서 저녁에 사무실을 나와 부두를 따라 천천히 걸으며 돌아가는 길이 행복했다. 하늘은 푸르러서 흡족했다. 하지만 나는 삶은 감자 요리를 해 먹고 싶어서 곧장 집으로 돌아왔다.

어두운 계단을 올라가면서 같은 층에 사는 살라마노 영감과 부딪혔다. 그는 개를 데리고 있었다. 둘이 함께 다닌 지도 8년이 됐다. 스패니얼 개는 피부병에 걸린 것 같았다. 털이 거의 없었고 붉은 피부는 반점과 거뭇한 딱지로 뒤덮여 있었다. 좁은 집에서 둘이서만 살아서인지 살라마노 영감도 결국 개를 닮아갔다. 얼굴에 불그스름한 딱지가 붙어 있었고 털은 누렜는데 그마저 거의 없었다. 개는 주인의 구부정한 모습을 닮았고 주둥이는 튀어나왔으며 목은 쭉 빼고 다녔다. 주인과 개는 같은 종족처럼 보였지만 서로를 싫어했다. 영감은 11시와 6시, 하루 두 번 개를 산책시켰다. 둘은 8년 동안 같은 길로만 다녔다. 리옹의 거리를 따라가다 보면 이들을 볼 수 있는데 개가 살라마노 영감을 끌어당기다 보면 영감은 무언가에 발이 걸리고 말았다. 그러면 영감은 개를 때리며 욕을 했다. 개는 두려움에 납작 엎드려서 주인에게 끌려갔다. 그러면 이번에는 영감이 개를 잡아당겼다. 개가 그새 잊고 다시 주인을 끌고 가면 영감은 또 개를 때리고 욕을 퍼부었다. 그렇게 인도에 둘이 남아서 개는 불안한 눈을 하고 영감은 증오 가득한 눈을 한 채 서로를 응시했다. 매일 이런 장면이 반복됐다. 개가 오줌을 누고 싶어 할 때 영감은 시간을 주지 않고 잡아당겼다. 그래서 스패니얼 개는 주인 뒤에서 한두 방울 찔끔찔끔 오줌을 흘리며 흔적을 남겼다. 어쩌다 개가 집에서 오줌을 누면 영감은 개를 또 때렸다. 같은 일이 8년 동안 지속되고 있다. 셀레스트는 항상 "저런 게 불행이지"라고 말하지만 속사정은 누구도 알지 못한다. 계단에서 살라마노 영감을 만났을 때 그는 개한테 욕을 하고 있었다.

"개새끼! 이 망할 놈!"

개는 낑낑거렸다. 내가 "안녕하세요" 하고 인사했지만 영감은 계속 개한테 욕을 퍼붓고 있었다. 그래서 개가 무슨 짓을 저질렀는지 물었다. 그는 아무런 대답도 하지 않았다. 그저 "개새끼! 이 망할 놈!" 하는 말만 반복했다. 나는 몸을 구부려 목줄을 정리하는 영감을 보면서 무슨 일인지 파악했다. 나는 더 큰 목소리로 말했다. 그러자 영감은 돌아보지도 않고 분노를 억누르며 "아직도 안 가고 있네"라고 말했다. 그러고 나서 네 발로 버티며 낑낑거리는 개를 잡아당겨서 밖으로 나갔다.

바로 그때 같은 층에 사는 두 번째 이웃이 들어왔다. 동네에서는 그가 매춘으로 벌어 먹고산다는 말이 돌았다. 하지만 그에게 직업을 물었을 때 자신은 '창고 관리자'라고 했다. 대체로 그를 좋아하는 사람은 거의 없다. 하지만 그는 내게 자주 말을 걸었고 가끔 그의 이야기를 듣느라 우리 집에서 시간을 보내기도 했다. 그가 하는 말들이 재밌기도 하고 한편으로 그와 이야기를 나누지 않을 이유도 없었다. 그의 이름은 레몽 생테스다. 체구는 작았지만 어깨가 넓었고 권투 선수와 비슷한 코를 가졌다. 그는 항상 지나칠 정도로 단정하게 옷을 차려입었다. 살라마노 영감을 두고 "참 안됐군!"이라고 내게 말했다. 저런 모습을 보면 거북하지 않으냐고 내게 물었고 나는 그렇지 않다고 대답했다.

우리는 계단을 올라갔다. 헤어지려고 할 때 그는 내게 "집에 순대와 와인이 조금 있는데. 같이 먹지 않겠소?"라고 물었다. 그의 집에 가면 따로 저녁을 차릴 필요가 없을 것 같아서 그러자고 했다. 그의 아파트도 창문 없는 부엌이 딸린 방 한 칸뿐이었다. 침대 위에는 하얗고 붉은 천사상과 챔피언들의 사진들 그리고 여성의 나체 사진이 두세 장 있었다. 방은 지저분하고 침대는 정리되어 있지 않았다. 그는 먼저 석유램프에 불을 켜고 주머니에서 상당히 지저분한 붕대를 꺼냈다. 그러고는 오른손을 붕대로 감쌌다. 내가 무슨 일이 있었느냐고 묻자 그는 어떤 놈이 시비를 걸어서 한판 붙었다고 했다.

"뫼르소 씨, 당신도 알겠지만 나는 성미가 고약한 게 아니고 그저 잘 참지 못하는 겁니다. 그놈이 '남자라면 전차에서 내려'라고 하더군요. 그래서 내가 '이봐, 조용히 가자'고 했죠. 그랬더니 내가 사내도 아니라는 거요. 그래서 전차에서 내렸지. '그 정도 했으면 됐어. 안 그러면 뜨거운 맛을 보여줄 테니까'라고 말했죠. 그랬더니 '뭐라고?' 그러더군요. 그래서 내가 한 방 먹였소. 그랬더니 나가떨어지더군. 그를 일으켜주려는데 나한테 발길질을 하는 거요. 그래서 무릎으로 한 대 치고 주먹으로 두 방

먹여버렸지. 그랬더니 그 녀석 얼굴에서 피가 나더군요. 더 혼나고 싶냐고 물었더니 '아니'라더군요."

생테스는 이야기하면서 붕대를 정리했고 나는 침대에 앉아 있었다.

"내가 먼저 덤빈 게 아니라는 거 당신도 알 거요. 실수한 건 그놈이지."

그건 사실이었고 나 역시 그렇게 이해하고 있었다. 그러면서 그는 이 일에 대해 어떻게 생각하는지 내게 곧장 조언을 구하려고 했다. 나는 사내이고 세상 물정도 잘 아니까 그를 도와줄 수 있을 테고 그러면 친구가 될 수 있을 거라고. 내가 잠자코 있자 자기와 친구가 되고 싶은지 내게 물었다. 나는 아무래도 상관없다고 대답했다. 그 말이 마음에 드는 눈치였다. 그는 순대를 꺼내 프라이팬에 익히고 잔과 접시, 식기, 와인 두 병을 꺼냈다. 그러는 동안 아무 말도 없었다. 우리는 자리를 잡았다. 먹는 동안 그는 자기 이야기를 시작했다. 처음에는 다소 주저했다.

"나한테는 한 여자가 있어요…… 말하자면 정부죠."

그와 싸웠던 남자는 그 여자의 오빠였다. 그는 여자에게 돈을 대주고 있다고 했다. 나는 아무런 대답도 하지 않았다. 그는 바로 이야기를 이어갔다. 동네에 떠도는 이야기를 그도 알고 있지만 양심에 거리낄 것이 없었고 그저 창고를 관리하는 사람이라고 덧붙였다.

그는 "다시 내 이야길 하자면 내가 이 여자한테 속고 있다는 걸 깨달았소"라고 했다. 그는 여자에게 딱 생활비만큼만 대주고 있었다. 월세를 내주고 매일 식비로 20프랑을 줬다고 했다.

"월세가 삼백 프랑, 식비가 육백 프랑, 가끔 스타킹을 사주면 총 천 프랑이죠. 그래도 그 여자는 귀부인이라도 되는 양 일할 생각을 안 해요. 빠듯하다며 그 돈으로는 살 수 없다고 하더군. 그래서 내가 '왜 반나절도 일하지 않지? 그럼 조금이라도 내 부담을 덜어줄 수 있잖아. 이번 달에는 옷 한 벌을 사줬어. 매일 이십 프랑을 주고 집세를 내줬다고. 그런데 너는 오후에 친구들과 커피나 마시지. 친구들에게 커피와 설탕을 대접하는 건 너지만 그 돈을 내는 건 나라고. 나는 너한테 이렇게 애를 쓰는데 왜 너는 보답할 줄을 모르는 거야'라고 말했죠. 그런데도 그 여자는 일하지 않더군. 날마다 돈타령만 해요. 그래서 내가 속고 있다는 생각이 든 겁니다."

그는 여자의 가방 안에서 복권 한 장을 발견했다고 했다. 하지만 그 여자는 무슨 돈으로 샀는지 아무런 설명도 없었다고 한다. 얼마 후 '증거'를 찾았다. 팔찌 두 개를 맡긴 전당포 영수증을 발견한 것이다. 그때까지 그는 여자가 그런 팔찌를 가지고 있다는 사실도 모르고 있었다.

"그래서 속고 있다는 생각을 한 거요. 여자와는 헤어졌지. 아, 그전에 먼저 여자를 흠씬 패줬소. 그리고 진실을 말해줬지. 네가 원하는 것이라고는 이런 짓을 하면서 그저 빈둥대는 거라고. 내가 한 말을 들으면 뫼르소 씨도 이해할 겁니다. '내가 준 행복을 얼마나 사람들이 부러워하는지 너는 몰라. 나중에야 행복했다는 걸 알게 될 거야.'"

그는 피가 나도록 여자를 때렸다. 그동안 그 정도로 여자를 때린 적은 없었다.

"그간 손찌검이야 했지만 말하자면 살살 때렸지. 그 여자가 약간 소리를 지르길래 창문을 닫았소. 그렇게 여느 때처럼 끝났소. 하지만 이번에는 심각해요. 여자한테 분이 풀리지 않아."

그래서 내 조언이 필요하다고 했다. 그는 그을리고 있는 램프의 심지를 정리하려고 말을 잠시 멈췄다. 나는 그저 듣고만 있었다. 나는 와인 한 병을 거의 비웠고 관자놀이 부분이 뜨거워졌다. 내게 남은 담배가 없어서 레몽의 담배를 여러 개비 피웠다. 마지막 전차가 떠나면서 먼 교외 지역으로 소음을 싣고 갔다. 레몽은 이야기를 계속했다. 그가 난처한 것은 '아직 그 여자와의 섹스에 미련이 남았다'는 점이다. 그러면서도 여자에게 벌을 주고 싶었다. 먼저 여자를 호텔로 데려가 '풍기 단속반'을 부른 다음 소동을 일으키고 윤락녀 단속 목록에 그 여자의 이름을 올릴 생각을 했다. 그래서 그는 뒷골목 친구들에게 연락했다. 하지만 뾰족한 수가 없었다. 레몽은 그 세계에 몸담고 있을 자격이 없다고 친구들에게 말하자, 친구들은 '흉터'를 만들자고 제안했다. 하지만 그가 원하는 벌은 아니었다. 그는 더 궁리해볼 참이었다. 그전에 내게 부탁할 것이 있다고 했다. 부탁하기 전에 이 이야기에 대해 내가 어떻게 생각하는지 물었다. 나는 별생각이 없지만 흥미롭다고 대답했다. 그 여자가 자길 속인 것 같은지 내게 물었고 나는 그런 것 같다고 했다. 여자가 벌을 받을 만한지 그리고 자기 입장이라면 어떻게 할지 내게 물었다. 그거야 알 수 없지만 여자를 벌주려는 그의 마음은 이해한다고 했다. 나는 와인을 조금 더 마셨다. 그는 담배에 불을 붙였고 이렇게 할 생각이라고 했다. '여자를 차버리겠다는 말과 함께 후회하게 만들 내용들을 담아' 편지를 쓰고 싶다는 것이다. 그런 후 여자가 돌아오면 동침하고 '절정에 이른 순간에' 여자 얼굴에 침을 뱉고 밖으로 내쫓을 심산이었다. 이런 방법이 그 여자한테 벌이 될 것이라는 생각이 들었다. 그런데 레몽은 자신은 그런 편지를 쓸 능력이 없다며 대신 써줄 사람으로 내가 생각났다고 했다. 내가 아무 말도 하지 않자 레몽은 지금 당장 편지를 쓰는 게 곤란한지 내게 물었고 나는 아니라고 했다.

그러자 레몽은 잔을 비우고 자리에서 일어났다. 그릇과 식어버린 남은 순대를 치웠다. 방수 식탁보를 조심스럽게 닦았다. 협탁에서 모눈종이와 노란색 봉투 한 장씩, 붉은 나무로 만든 펜대, 보라색 잉크가 담긴 네모난 잉크통을 꺼냈다. 여자의 이름을 들었을 때 여자가 무어인이라는 것을 알았다. 나는 편지를 썼다.

조금은 대충 썼지만 레몽이 만족하도록 신경 썼다. 그를 만족시키지 않을 이유가 없었으니까. 다 쓰고 나서 큰 소리로 편지를 읽었다. 그는 들으면서 담배를 피웠고 고개를 끄덕였다. 그리고 내게 다시 읽어달라고 했다. 그는 아주 마음에 들어 했다.

"역시 네가 뭘 좀 아는 사람이라는 걸 알아봤지."

그가 내게 반말을 쓰고 있다는 것을 처음에는 알아채지 못했다.

"넌 이제 내 진짜 친구야."

그가 선언 아닌 선언을 하고서야 알아챘고 적잖이 놀랐다. 그 말을 반복했고 나는 "그래"라고 말했다. 나는 그와 친구가 되더라도 상관없었고 그는 나와 진심으로 친구가 되고 싶은 모양이었다. 그는 봉투를 봉했고 우리는 마지막 잔을 비웠다. 그러고 나서 우리는 아무런 말 없이 잠시 담배를 피웠다. 밖은 조용하기 그지없었고 자동차 한 대가 미끄러지듯 지나가는 소리가 들렸다. 내가 "시간이 늦었네"라고 말하자 레몽도 그렇게 생각했다. 그는 시간이 빨리 갔다고 말했다. 어떤 의미에서는 맞는 말이었다. 잠이 쏟아졌지만 일어나기 힘들었다. 필시 피곤해 보인 모양이었다. 레몽이 내게 되는대로 살면 안 된다고 말했기 때문이다. 처음에는 무슨 소린지 어리둥절했다. 그러자 그는 엄마가 돌아가셨다는 것을 알고 있고 그런 일은 언젠가는 닥치게 마련이라고 말했다. 나 역시 그렇게 생각했다.

내가 자리에서 일어서자 레몽은 내 손을 꽉 잡으며 남자들끼리는 항상 통하는 것이 있다고 말했다. 그의 집에서 나와 문을 닫고 어두운 층계참에서 잠시 서 있었다. 건물은 조용했고 층계 안쪽에서부터 어둡고 축축한 기운이 올라왔다. 귓가에는 핏줄이 고동치는 소리만 들렸다. 나는 꼼짝도 하지 않고 있었다. 살라마노 영감의 집에서 개의 신음이 희미하게 들렸다.

4

일주일 내내 열심히 일했다. 레몽이 찾아와 편지를 보냈다고 말했다. 에마뉘엘과 함께 두 번 영화를 보러 갔다. 에마뉘엘은 언제나 내용을 잘 이해하지 못해서 설명해줘야 한다. 토요일이었던 어제는 약속한 대로 마리가 왔다. 빨간색과 흰색이 섞인 예쁜 줄무늬 원피스에 가죽 샌들을 신은 모습을 보고 그녀와 자고 싶은 마음이 간절했다. 젖가슴이 탄탄해 보였고 햇볕에 그을린 갈색 피부로 얼굴에 꽃이 피었다. 우리는 버스를 타고 알제에서 몇 킬로미터 떨어진 곳으로 향했다. 양쪽으로는 암석, 육지 쪽에는 갈대밭으로 둘러싸인 해변에 갔다. 오후 4시여서 내리쬐는 태양은 뜨겁지 않았고 바닷물은 미지근했으며 낮고 긴 파도가 나른하게 밀려들었다. 마리가 내게 한 가지 놀이를 가르쳐줬다. 수영하면서 파도의 물마루를 마시고 입속에 거품을 모은 다음 하늘을 향해 누워서 뱉어내는 것이었다. 그러면 공중에서 물거품 레이스가 사라지거나 얼굴 위로 미지근한 바닷물이 떨어졌다. 하지만 잠시 후 소금기 때문에 입속이 얼얼했다. 마리는 다가와 물속에서 내게 몸을 바짝 붙였다. 자기 입술을 내 입술에 포갰다. 그녀의 혀가 내 입술을 식혀줬고 우리는 잠시 파도에 몸을 맡겼다.

우리가 해변에서 다시 옷을 입고 있을 때 마리가 반짝이는 눈으로 나를 바라봤다. 나는 마리에게 키스했다. 그 순간부터 우리는 아무런 말도 하지 않았다. 그녀를 내 쪽으로 끌어당겼고 우리는 서둘러 버스를 타고 내 집으로 와서 침대 위로 몸을 던졌다. 창문을 열어놓았고 그을린 갈색 피부 위로 여름밤이 가고 있음이 느껴져 기분이 좋았다.

오늘 아침, 마리가 집에 가지 않아서 같이 점심을 먹자고 했다. 고기를 사러 내려갔다. 계단으로 올라오는 길에 레몽의 집에서 여자 목소리가 들렸다. 잠시 후에는 살라마노 영감이 개를 혼냈는데 나무로 된 층계참에서 구둣발 소리와 개의 발톱 소리가 들렸다.

"개새끼! 이 망할 놈!"

그러고는 거리로 나갔다. 마리에게 영감에 관한 이야기를 들려주니 재미있어했다. 그녀는 내 잠옷의 소매를 접어 올려 입고 있었는데 그녀가 웃자 나는 다시금 욕정을 느꼈다. 잠시 후 마리는 자기를 사랑하느냐고 내게 물었다. 그런 건 아무런 의미가 없지만 그런 것 같지는 않다고 대답했다. 그 말을 듣자 마리는 슬픈 듯했다. 아침을 준비하고 있었는데 마리가 별것도 아닌 거에 또 웃는 모습을 보고 그녀에게 키스했다. 그때 레몽의 집에서 다투는 소리가 터져 나왔다.

먼저 여자의 날카로운 목소리가 들렸고 뒤이어 레몽의 말소리가 들렸다.

"나를 우습게 봐도 한참 우습게 봤지. 날 우습게 보면 어떻게 되는지 본때를 보여주지."

둔탁한 소리가 난 후 여자가 소리를 질렀다. 끔찍한 소리에 층계참은 사람들로 금세 꽉 찼다. 마리와 나 역시 나가봤다. 여자는 계속 소리를 질렀고 레몽은 계속 때렸다. 마리가 끔찍하다고 했지만 나는 아무런 대답도 하지 않았다. 경찰을 부르라고 했지만 나는 경찰을 좋아하지 않는다고 했다. 그런데 3층에 세 들어 사는 배관공이 경찰을 대동하고 왔다. 경찰이 문을 두드리자 더이상 아무런 소리도 나지 않았다. 더 세게 문을 두드리자 마침내 레몽이 문을 열었고 여자는 울고 있었다. 그는 별일 아니라는 듯한 태도로 담배를 입에 물고 있었다. 여자는 문으로 달려와 경찰에게 레몽이 자신을 때렸다고 소리쳤다.

"이름?"

경찰이 묻자 레몽이 이름을 댔다.

"내가 묻는 말에 대답할 때는 담배를 빼."

경찰의 말에 레몽은 주저했다. 나를 쳐다보며 입에 문 담배를 한 모금 빨았다. 그 순간 경찰이 두툼하고 묵직한 손바닥으로 따귀를 힘껏 후려쳤다. 담배가 몇 미터나 날아가 떨어졌다. 레몽의 낯빛이 변했지만 그 순간 아무런 말도 하지 않았다. 공손한 목소리로 담배꽁초를 주어도 되는지 물었다. 경찰은 그러라며 "다음번에는 경찰을 얕보지 않는 게 좋을 거야"라고 덧붙였다. 그러는 동안 그 여자는 울면서 "저 사람이 날 때렸어요. 저 사람은 포주예요"라고 재차 말했다. "경관님, 애먼 사람한테 포주라는 말이 가당키나 합니까?"라고 레몽이 물었다. 그러나 경찰은 "입 닥쳐"라고 명령했다. 레몽은 여자를 보며 "어이, 나중에 또 보자"라고 말했다. 경찰이 입 다물라고 말했고 여자는 돌아가도 좋으며 레몽에게는 경찰서로 소환할 때까지 집에 있으라고 말했다. 경찰은 몸이 떨릴 정도로 술을 마신 것을 부끄럽게 생각해야 한다고 덧붙였다. 그 말에 지지 않고 레몽은 설명했다.

"경관님, 저는 취하지 않았어요. 그냥 여기, 경관님 앞이라서 떨고 있는 것뿐입니다. 제가 무슨 힘이 있나요."

그는 문을 닫았고 사람들은 모두 흩어졌다. 마리와 나도 점심 준비를 마쳤다. 마리는 배가 고프지 않아서 내가 거의 다 먹었다. 1시에 마리가 떠났고 나는 잠을 조금 더 잤다.

3시쯤 문을 두드리는 소리가 났고 레몽이 들어왔다. 나는 계속 누워 있었다. 그는 침대 끝에 걸터앉았다. 말없이 있길래 무슨 일이 있던 거냐고 물었다. 자기가 계획한 대로 했더니 여자가 따귀를 때리길래 자기도 여자를 두들겨 팼다고 했다. 나머지는 내가 본 그대로였다. 이쯤 했으면 여자도 벌을 받았고 그도 그만하면 된 것 같다고 말했다. 그 역시 동의했고 경찰이 어찌하든 그 여자가 맞았다는 사실은 바뀌지 않을 것이라고 했다. 그러면서 경찰에 대해서라면 잘 알고 있어서 어떻게 상대해야 할 줄도 알고 있다고 덧붙였다. 경찰이 자기를 한 대 쳤을 때 내가 어떻게 대응하기를 기대했는지 내게 물었다. 나는 어떤 기대도 하지 않았고 단지 경찰들을 좋아하지 않는다고 했다. 레몽이 퍽 만족스러운 표정을 지었다. 그가 같이 외출하지 않겠느냐고 물었다. 나는 일어나서 머리를 빗었다. 그는 내가 증인이 되어줘야 한다고 했다. 그래도 상관없다고 했지만 내가 무슨 말을 해야 하는지는 알지 못했다. 레몽이 말하길, 여자가 자기를 속였다는 사실만 말해주면 되는 것이었다. 그래서 나는 증인이 되어주기로 했다.

우리는 밖으로 나갔다. 레몽이 코냑 한 잔을 사줬다. 그러고 나서 당구를 한 판 치자고 했고 내가 아깝게 졌다. 레몽이 사창가로 가자고 했지만 나는 그런 곳을 좋아하지 않아 거절했다. 그래서 우리는 천천히 집으로 돌아왔다. 그는 여자한테 벌을 준 것이 얼마나 통쾌한지 모르겠다고 말했다. 그는 나를 꽤 다정하게 대했고, 그래서 나는 즐거운 시간이었다고 생각했다.

살라마노 영감이 현관 앞에서 우왕좌왕하는 모습이 멀리서 보였다. 우리가 가까이 다가갔을 때 영감이 개 없이 혼자 있다는 것을 알았다. 영감은 제자리서 뱅뱅 돌며 사방을 둘러보고 어두운 복도 안으로 들어가려고 하다가 두서없이 중얼거리기도 하면서 충혈된 작은 눈으로 거리를 샅샅이 살폈다. 레몽이 무슨 일이 있느냐고 물어도 영감은 바로 대답하지 않았다. "망할 놈의 개새끼"라고 중얼거리는 소리만 어렴풋이 들렸다. 그는 계속 어쩔 줄을 몰라 했다. 내가 개가 어뗐느냐고 물었더니 그는 개가 사라졌다고 퉁명스럽게 대답했다. 그러더니 갑자기 속사포처럼 말을 쏟아냈다.

"오늘도 연병장 거리로 데리고 갔소. 노점상들 근처에 사람들이 많았어요. 〈도주왕〉을 보려고 서 있다가 다시 걸으려고 보니 개가 옆에 없는 거야. 물론 예전부터 개 목줄을 조금 더 작은 걸로 사려고 했는데. 이 개새끼가 그렇게 사라질 줄은 몰랐소."

그러자 레몽이 개가 길을 잃은 것일 수 있다며 곧 돌아올 거라고 설명했다. 약 10킬로미터 떨어진 곳에서도 집으로 찾아온 개가 많다는 예를 들었다. 그런데도 영감의 불안한 기색은 오히려 짙어졌다.

"하지만 알잖소. 사람들이 개를 데려갈 거요. 누군가 개를 거둬줄 수도 있지만 그런 일은 없겠지. 사람들은 개의 피부 딱지를 보면 질색할 테니까. 경찰이라면 틀림없이 데려가겠지."

내가 동물보호소에 가보라고 말했다. 돈을 조금 내면 데려올 수 있을 것이다. 그가 내게 돈을 내야 하냐며 비싸냐고 물었다.

나는 잘 몰랐다. 그러자 그는 화를 내기 시작했다.

"그런 망할 놈한테 돈을 쓰라고. 차라리 뒈져버리라지!"

그는 나가버린 개를 두고 욕을 퍼부었다. 레몽은 웃으면서 건물 안으로 들어갔다. 나는 그를 뒤따랐고 우리는 층계참에서 헤어졌다. 잠시 후 영감의 발소리가 들리더니 문을 두드렸다. 문을 열었고 그는 문 앞에서 머뭇거렸다.

"미안하지만 실례 좀 하겠소."

안으로 들어오라고 했지만 영감은 들어오지 않았다. 그는 신발 끝을 응시하고 있었고 그의 딱지 앉은 손은 떨리고 있었다. 내 얼굴을 보지 않고 물었다.

"사람들이 내 개를 데려가지는 않겠지요, 뫼르소 씨. 사람들은 그놈을 돌려줄 거요. 그런데 그러지 않으면 내가 어떻게 하면 되겠소?"

동물보호소는 주인이 개를 찾을 수 있도록 사흘 정도 개를 보호하고 그다음에는 절차대로 한다고 말했다. 그는 조용히 나를 쳐다봤다. 그러고는 "그럼 안녕히 계시오"라고 말했다. 그가 문을 닫았고 나는 그가 오가는 소리를 들었다. 그의 침대에서 삐걱거리는 소리가 났다. 벽 너머에서 이상한 작은 소리가 들려왔다. 영감이 울고 있었다. 그때 왜 엄마 생각이 났는지 모르겠다. 하지만 내일은 일찍 일어나야 했다. 배가 고프지 않아서 저녁은 거르고 잤다.

5

레몽이 내 사무실로 전화를 걸었다. 나에 대해 전해 들은 친구 중 한 명이 알제 근처에 있는 작은 별장으로 일요일에 나를 초대한다는 것이다. 나도 그러고 싶지만 그날은 여자 친구와 선약이 있다고 했다. 그랬더니 레몽은 대뜸 여자 친구도 데려오라며 목청을 높였다. 그 친구의 아내가 남자들 사이에서 혼자 있지 않아도 되니 좋아할 것이란다.

나는 얼른 전화를 끊고 싶었다. 사장이 시내에서 걸려 온 전화를 좋아하지 않기 때문이다. 하지만 레몽은 잠시 기다리라며 오늘 저녁에 이 이야기를 해줄 수도 있었지만 미리 알려주고 싶은 것이 있다고 했다. 그가 온종일 아랍인 무리에게 미행당했는데 그 무리 중에는 전 정부의 오빠도 있었다.

"오늘 저녁 퇴근하는 길에 그놈을 보면 내게 알려줘."

나는 알겠다고 했다.

이윽고 사장이 나를 불렀다. 그 순간 나는 통화를 줄이고 그 시간에 일을 더 하라는 소리를 들을 성싶어 난처했다. 하지만 예상과는 달랐다. 아직 확실하지 않지만 어떤 프로젝트에 대해 말하려고 나를 불렀다고 했다. 다만 그 프로젝트에 대한 내 생각이 궁금하다는 것이다. 사장은 파리에 사무실을 하나 차려서 대기업과의 업무를 현장에서 즉시 처리하려는 생각이었는데 내가 파리로 갈 생각이 있는지 알고 싶어 했다. 그렇게 되면 나는 파리에서 살면서 여행도 가끔 다닐 수 있을 것이다.

"자네는 젊잖아. 그러니 파리의 생활이 분명 마음에 들 거야."

나는 알겠다고 하면서도 결국에 이러나저러나 상관없다고 말했다. 사장이 삶에 변화를 주는 것이 싫은지 물었다. 나는 삶은 절대 바뀌지 않고 어떤 삶이든 나름의 가치가 있으며 이곳에서의 삶 역시 나쁠 게 없다고 대답했다. 그러자 사장은 마뜩잖은 듯 내가 걸핏하면 동문서답을 하고 야망이 없다며 그런 자세는 업무에 문제가 될 수 있다고 했다. 나는 자리로 돌아가 계속 일했다. 사장을 실망시키지 않는 편이 나았겠지만 내게는 생활을 바꿀 이유가 없었다. 지금 삶에 대해 곰곰이 생각해봐도 나는 불행하지 않았다. 대학교에 다니던 시절에는 사장이 말하는 그 야망을 크게 품고 있었다. 하지만 학업을 포기해야 했을 때 이 모든 것이 실제로 그리 중요하지 않다는 걸 대번에 깨달았다.

그날 저녁 마리가 날 찾아와서 자기와 결혼하고 싶은지 물었다. 결혼하든 안 하든, 매한가지라고 말했다. 마리가 원하면 결혼할 수 있다고. 그러자 마리는 내가 자기를 사랑하는지 물었다. 나는 이미 말했듯이 결혼에 큰 의미를 두지 않지만 마리를 사랑하는 것 같지는 않다고 대답했다.

　"그럼 왜 나랑 결혼하는데?"

　마리가 물었다. 그건 조금도 중요하지 않고 그녀가 결혼을 원한다면 우리가 결혼할 수도 있다는 이야기라고 설명했다. 더구나 결혼을 원하는 건 그녀였고 나로서는 그저 그러자고 대답한 것이다. 마리는 결혼을 신중을 기해야 하는 일이라고 했다. 나는 "아니"라고 대답했다. 마리는 잠시 잠자코 있었고 조용히 나를 바라봤다. 그러고는 말했다. 다른 여자가 나처럼 똑같이 프러포즈해도 내가 받아들였을지, 그 여자에게도 똑같이 애정을 가졌을지, 그저 궁금했을 뿐이라고 했다. 나는 "물론이야"라고 했다. 마리는 자기가 나를 사랑하는지 자문했지만 나로서는 그 점에 대해서 알 길이 없었다. 잠시 침묵이 흘렀다. 그녀는 내가 이상한 사람이라고 중얼거렸다. 아마도 그런 점 때문에 나를 사랑하는 것 같고 언젠가는 그런 이유로 내가 싫어질 거라고 했다. 나는 덧붙일 말이 없어 입을 다물었다. 마리는 웃으며 내 팔을 붙잡았고 나와 결혼하고 싶다고 말했다. 그녀가 원하면 당장이라도 그럴 수 있다고 대답했다. 그리고 사장의 제안에 대해 말하니 마리는 파리가 궁금하다고 했다. 잠시 파리에서 산 적이 있다고 하니 마리가 어땠느냐고 물었다. 나는 "더러워. 비둘기가 많고 마당은 컴컴해. 게다가 사람들은 다 희멀겋고"라고 대답했다.

그런 다음 우리는 밖으로 나가서 걸었다. 여러 대로를 걸으며 시내를 가로질렀다. 여자들은 아름다웠고 마리도 여자들을 눈여겨봤는지 물었다. 그녀도 그렇다고 대답하면서 내 말에 공감한다고 했다. 한동안 우리는 말이 없었다. 나는 그녀와 시간을 같이 더 보내고 싶어서 셀레스트네로 가서 저녁을 먹자고 했다. 마리는 정말 그러고 싶지만 해야 할 일이 있었다. 우리 집 근처에 왔을 때 잘 가라고 인사했다. 그러자 마리는 나를 빤히 쳐다봤다.

"넌 내가 해야 한다는 일이 뭔지 궁금하지 않아?"

나는 진심으로 궁금했지만 미처 물어볼 생각은 못 했다. 마리는 그런 점을 나무라는 듯했다. 난감해하는 나를 보더니 그녀는 또 웃었고 나를 향해 몸을 기울이고 입술을 내밀었다.

나는 셀레스트네 식당에서 저녁을 먹었다. 내가 이미 한창 먹고 있을 때 키가 작은 이상한 여자가 들어와 내게 동석해도 되겠느냐고 물었다. 나는 물론 괜찮았다. 사과 같은 자그마한 얼굴에 눈동자가 초롱초롱한 여자는 행동이 다급했다. 재킷을 벗고 자리에 앉아 메뉴판을 열심히 들여다봤다. 셀레스트를 불러 정확하고 급한 말투로 곧장 음식들을 한꺼번에 주문했다. 애피타이저를 기다리는 동안 가방에서 작은 종이와 연필을 꺼냈고 먼저 밥값을 계산했다. 팁까지 계산해 정확한 금액을 주머니에서 꺼내 바로 자기 앞에 올려놓았다. 그때 애피타이저가 나왔고 그녀는 빠른 속도로 허겁지겁 먹었다. 다음 음식을 기다리는 동안 다시 가방에서 파란색 연필과 이번 주 라디오 프로그램이 실린 잡지를 꺼냈다. 그리고 매우 조심스럽게 모든 프로그램을 하나하나 표시했다. 거의 12쪽에 달하는 잡지였기 때문에 식사하면서 꼼꼼하게 계속 표시했다. 나는 이미 식사를 마쳤고 그녀는 계속 프로그램에 표시하고 있었다. 이윽고 그녀는 일어나 자동인형처럼 정확한 몸짓으로 재킷을 입고 식당을 나섰다. 나는 딱히 할 일이 없었기 때문에 나가서 그녀를 잠시 따라갔다. 빠른 속도였지만 굉장히 안전하게 인도 끝으로 한눈을 팔지 않고 뒤돌아보지 않고 곧장 걸어갔다. 나는 결국 시야에서 그녀를 놓쳐버려서 다시 돌아왔다. 이상한 여자라고 생각했지만 여자에 대해서는 금세 잊었다.

우리 집 문간에 살라마노 영감이 서 있었다. 그를 안으로 들어오게 했다. 그는 동물보호소에도 개가 없었다며 결국 잃어버린 게 틀림없다고 말했다. 거기 직원들이 아마도 차에 치였을 것이라고 했단다. 경찰서에서 그런 걸 확인할 수 있는지 물었더니날마다 일어나는 일인 만큼 그런 사건은 별도로 남겨두지 않을 거라고 했다는 것이다. 다른 개를 키우는 건 어떻겠느냐고 물으니 이미 그 개에게 익숙해졌다고 딱 잘라 말했는데 그의 말이 옳았다.

나는 침대에 웅크리고 앉아 있었고, 살라마노 영감은 테이블 앞 의자에 앉아 있었다. 그는 무릎 위에 손을 올려놓고 나와 마주 보고 있었다. 낡은 중절모도 벗지 않은 채였다. 누런 콧수염 아래로 입술을 우물거렸다. 나는 약간 지루했지만 어차피 할 일이 없었고 졸리지도 않았다. 무슨 말이든 하려고 개에 관하여 물었다. 영감은 아내가 죽은 후에 개를 데려왔다고 했다. 그는 다소 늦게 결혼했다. 소싯적에는 연극을 하고 싶었다. 입대한 후 군인 경가극에 출연하기도 했다. 하지만 결국 철도청에 입사했고 지금 약간의 연금을 받을 수 있기 때문에 후회하지 않았다. 아내와의 결혼생활은 행복하지 않았지만 전반적으로 아내에게 적응했다. 아내가 죽었을 때는 꽤 외로웠다. 그래서 선로반 동료에게 개를 구해달라고 했고 아주 어린 새끼를 데려왔다. 너무 어려서 젖병으로 우유를 먹여야 했다. 하지만 개는 사람보다 수명이 짧으므로 결국 같이 늙어가게 됐다.

"그놈은 성질이 고약했소. 때로는 실랑이도 벌이고 그랬으니까. 그래도 착한 녀석이었지."

내가 좋은 품종의 개였다고 말하니 영감은 기뻐하는 눈치였다. "그렇다마다요. 아프기 전에는 못 봤을 거요. 털이 정말 예뻤소"라고 영감이 덧붙였다. 그는 개가 피부병에 걸린 후, 매일 아침저녁으로 크림을 발라줬다. 하지만 그가 생각하기에 실제 질환은 노병이었다. 노환에는 치료약이 없다.

그때 내가 하품하자 영감이 그만 가보겠다고 했다. 내가 더 계셔도 된다며 개에게 무슨 일이 일어났을지를 생각하다 보니 걱정이 됐다고 말했다. 그는 고마워했다. 엄마가 개를 참 귀여워했다고 말했다. 엄마에 대해 말하면서 '딱한 어머니'라고 말했다. 그는 어머니가 돌아가셔서 내가 몹시 슬퍼하고 있을 것이라 여겼고 나는 이 말에 딱히 대답하지 않았다. 그때 갑자기 난처한 기색으로 동네 사람들 사이에서 내 소문이 나쁘게 퍼졌다고 말했다. 어머니를 양로원에 보내서란다. 하지만 그는 내가 어떤 사람인지 알고 있었고 어머니를 무척 사랑한다는 걸 안다고 했다. 내가 그때 왜 그렇게 대답했는지 여전히 모르겠지만 지금까지 그런 이유로 나를 나쁘게 보는 줄 몰랐다고 대답했다. 하지만 나는 엄마를 간병할 돈이 없었기 때문에 양로원은 자연스러운 결정이었다.

"게다가 엄마는 저와 할 말이 없어진 지 꽤 오래됐고 혼자 계시면 심심해하셨어요."

"그러셨겠지요. 적어도 양로원에는 또래가 있으니까."

영감이 자리를 뜨려고 했다. 자러 가야겠다고 말했다. 영감의 삶은 이제 바뀌었고 그는 어찌해야 할지 전혀 알지 못했다. 그를 안 이후 처음으로 슬그머니 손을 내밀었고 그의 얇은 피부 비늘이 고스란히 느껴졌다. 나가기 전에 영감은 살짝 웃어 보였다.

"오늘 밤엔 개들이 짖지 않았으면 좋겠네요. 꼭 우리 개가 짖는 것 같거든요."

6

일요일 아침에는 일어나기가 힘들었다. 그래서 마리가 나를 부르며 흔들어 깨워야 했다. 우리는 일찍 해수욕하러 가고 싶어서 아침을 걸렀다. 나는 속이 허했고 머리가 아팠다. 담배 맛도 썼다. 마리는 내가 딱 '초상 치른 사람의 얼굴'을 하고 있다며 놀렸다. 그녀는 흰 리넨 원피스를 입고 머리를 길게 늘어뜨렸다. 내가 예쁘다고 말했더니 기뻐하며 웃었다.

아래층으로 내려가 레몽네 문을 두드렸다. 레몽은 내려가겠다고 했다. 나는 피곤했고 덧창을 열어놓지 않았던 탓에 거리로 나오니 벌써 뜨거운 햇볕이 살갗을 때리는 듯했다. 마리는 즐거운지 폴짝대며 연신 날이 좋다고 했다. 나는 기분이 나아졌고 그제야 배가 고팠다. 마리에게 이야기하니 방수 가방 안을 보여줬는데 우리 수영복 두 벌과 수건 한 장만이 들어 있었다. 그저 참는 수밖에 없었다. 그때 레몽이 문을 닫는 소리가 들렸다. 그는 파란색 바지에 흰 반소매 셔츠를 입고 나타났다. 그리고 밀짚모자를 쓰고 있었는데 마리가 그 모습을 보더니 웃어버렸다. 거뭇한 털 아래로 하얗디하얀 팔뚝이 보였다. 나는 그것을 보고 있자니 약간 거북했다. 레몽은 내려오면서 휘파람을 불었다. 기분이 꽤 좋은 듯했다. 그가 나에게 "안녕, 친구" 하고 인사했고, 마리를 "아가씨"라고 불렀다.

전날, 우리는 경찰서에 갔었다. 나는 그 여자가 레몽을 '속였다'고 증언했다. 레몽은 경고받는 것으로 끝났다. 경찰들은 내 증언을 별도로 확인하지 않았다. 문 앞에서 레몽과 그 이야기를 잠시 나눈 후 우리는 버스를 타고 가기로 했다. 바닷가는 그리 멀지 않았지만 버스를 타면 더 일찍 도착할 수 있었다. 레몽은 자기 친구가 우리가 일찍 도착하면 기뻐하리라고 생각했다. 우리가 떠나려고 할 때 레몽이 갑자기 정면을 보라고 신호를 보냈다. 나는 담배 가게 진열창에 등을 기대고 있는 아랍인 한 무리를 발견했다. 그들은 돌이나 고목을 보듯 우리를 조용히 응시했다. 레몽이 내게 왼쪽에서 두 번째가 그 자식이라고 말했는데 그는 약간 긴장한 것 같았다. 그런데 레몽은 이미 끝난 일이라고 덧붙였다. 마리는 이 상황이 전혀 이해되지 않아서 우리에게 무슨 일인지 물었다. 저 아랍인들이 레몽에게 앙심을 품고 있다고 말해줬다. 그러자 마리는 얼른 출발하고 싶어 했다. 레몽은 긴장을 풀고 서두르자고 웃으며 말했다.

우리는 버스 정류장으로 향했다. 정류장은 조금 멀리 있었는데 레몽은 아랍 놈들이 우리를 따라오지는 않는다고 알려줬다. 나는 뒤돌아봤다. 그들은 같은 자리에 가만히 앉아서 여전히 무심하게 우리가 떠난 곳을 보고 있었다. 우리는 버스를 탔다. 완전히 안심한 듯한 레몽은 마리에게 쉬지 않고 농지거리를 던졌다. 레몽이 마리를 마음에 들어 하는 눈치였지만 마리는 거의 호응하지 않았다. 가끔 웃으며 레몽을 쳐다봤다.

우리는 알제 교외에서 내렸다. 해변은 정류장에서 그리 멀지 않았다. 내려다보이는 작은 고원을 건너야 바다로 갈 수 있었다. 고원은 누런 자갈과 이미 파란빛이 도는 하늘과 대조되는 하얀 수선화로 덮여 있었다. 마리는 방수 가방을 크게 휘둘러 꽃잎을 떨어뜨리며 장난쳤다. 우리는 줄지어 선 작은 별장 사이로 지나갔다. 별장에는 녹색과 흰색의 울타리가 쳐져 있었다. 몇몇 베란다는 능수버들 사이에 파묻혀 있었고 다른 곳은 돌들 가운데서 고스란히 그 모습을 드러내고 있었다. 여울 앞에서 잔잔한 파도와 투명한 바닷물 속에서 잠들어 있는 듯한 육중한 곳이 멀찌감치 펼쳐졌다. 모터 소음이 고요한 공기를 뚫고 우리에게까지 나직하게 들렸다. 먼바다에서는 작은 트롤선이 반짝이는 바다 위로 서서히 나아가는 것이 보였다. 마리는 아이리스를 몇 송이 땄다. 바다로 향하는 내리막에서 벌써 해수욕을 즐기고 있는 사람들이 보였다.

레몽의 친구는 해변 끝에 있는 작은 목조 별장에서 살고 있었다. 별장은 암석에 등을 기대고 있었고 집 앞쪽을 떠받치는 기둥들은 이미 물속에 잠겨 있었다. 레몽은 친구에게 우리를 소개했다. 그의 이름은 마송이었다. 그는 키가 크고 어깨도 넓어, 덩치가 컸고 그의 아내는 키가 작고 포동포동했다. 상냥했고 파리 말씨를 썼다. 그는 우리에게 곧바로 편히 있길 바란다며 아침에 잡은 물고기로 만든 생선튀김을 준비했다고 말했다. 나는 집이 참 예쁘다고 말했다. 그러자 그는 토요일과 일요일 그리고 휴가를 항상 이곳에서 보낸다고 했다.

"아내와 뜻이 잘 맞아요."

그가 덧붙였다. 그때 그의 아내와 마리는 같이 웃고 있었다. 그 순간 아마도 처음으로 결혼하게 될지도 모른다는 생각이 들었다.

마송은 수영하고 싶어 했고 그의 아내와 레몽은 남아 있고 싶어 했다. 그래서 우리 셋만 내려갔고 마리는 곧장 물속으로 뛰어들었다. 마송과 나는 잠시 기다렸다. 그는 말을 천천히 했다. 그에게는 문장에 추가되는 것에 의미가 없음에도 말끝마다 '게다가'를 붙이는 습관이 있음을 알아챘다. 그는 마리에 대해서 "멋진 분이네요. 게다가 매력적이고요"라고 말했다. 이내 볕을 쬐니 기분이 나아지고 있다는 사실에 정신이 팔려서 그의 습관에 더는 신경 쓰지 않았다. 발에 닿는 모래가 따뜻해지기 시작했다. 물에 들어가고 싶은 마음을 참고 있었지만 결국 마송에게 말했다.

"들어갈까요?"

나는 물속으로 뛰어들었다. 그는 천천히 들어갔지만 발이 땅에 닿지 않자 물속으로 뛰어들었다. 그의 평영 실력은 형편없었다. 그래서 그를 두고 마리에게 갔다. 물이 시원해서 수영하니 기분이 상쾌했다. 마리와 나는 멀리까지 함께 수영했고 움직임과 만족감에서 서로 똑같은 감정을 느꼈다.

우리는 바다 한가운데서 몸을 띄우고 얼굴을 하늘로 돌리자 햇볕이 입안으로 흘러 들어가는 수막을 없애줬다. 마송이 해변을 향해 헤엄쳐 햇볕에 몸을 말리고 있는 것이 보였다. 멀리서도 그는 덩치가 커 보였다. 마리가 같이 수영하자고 했다. 나는 뒤로 돌아가 그녀의 허리를 잡았다. 마리는 팔을 저었고 나는 뒤에서 발차기하며 앞으로 나아갈 수 있도록 도왔다. 아침부터 물을 차는 소리가 우리를 뒤따르는 통에 나는 이내 피곤해졌다. 그래서 나는 마리를 두고 규칙적으로 헤엄치고 호흡을 유지하며 돌아왔다. 해변에서 나는 마송 옆에 엎드려 누워서 얼굴을 모래 속에 묻었다. 나는 그에게 "너무 좋았어요"라고 하니 그도 그렇다고 했다. 잠시 후 마리가 왔다. 나는 돌아누워 마리가 오는 것을 봤다. 온몸이 소금물 때문에 매끈했고 머리카락은 전부 뒤로 넘겼다. 그녀는 내 옆구리를 맞대고 나란히 누웠는데 그녀의 체온과 햇살의 온기 때문에 살짝 잠이 들었다.

마리가 날 흔들어 깨우면서 마송이 집으로 올라갔다며 점심을 먹어야 한다고 말했다. 배가 고팠기 때문에 바로 일어났다. 그런데 마리가 아침부터 여태껏 한 번도 키스해주지 않았다고 말했다. 사실이 그랬고 나도 키스하고 싶었다. "물속으로 들어가자"라고 내게 말했다. 우리는 달려가 처음으로 밀려드는 작은 파도 위로 몸을 던졌다. 평영으로 조금 헤엄치고 나서 그녀는 내 몸에 바짝 붙었다. 마리의 다리가 내 다리에 닿았고 나는 그녀에게 성욕을 느꼈다.

우리가 돌아왔을 때 마송은 이미 우리를 부르고 있었다. 너무 배가 고프다고 말하자 그는 아내를 보며 내가 마음에 든다고 말했다. 빵은 맛있었고 생선도 남기지 않고 먹어 치웠다. 잠시 후 고기와 감자튀김도 나왔다. 우리는 말없이 먹기만 했다. 마송은 와인을 연거푸 마시면서 내게도 계속 따라줬다. 커피를 마실 때는 머리가 조금 무거워서 담배를 자주 피웠다. 나, 마송, 레몽은 비용을 분담하여 8월 내내 해변에서 같이 지낼 계획을 짰다. 갑자기 마리가 말했다.

"몇 시인 줄 아세요? 열한 시 반밖에 안 됐어요."

모두 크게 놀랐는데 마송은 우리가 점심을 일찍 먹긴 했지만 원래 배가 고플 때가 점심때라며 이상한 일이 아니라고 말했다. 그 말에 마리가 웃었는데 왜 그랬는지 모르겠다. 아마도 마리가 술을 꽤 마셨던 것 같다. 마송이 같이 해변을 걷지 않겠냐고 내게 물었다.

"아내는 점심을 먹으면 꼭 낮잠을 자요. 나는 그게 별로예요. 나는 먹고 나면 걸어야 해요. 걷는 게 건강에 좋다고 항상 얘기해도 소용없어요. 결국 자기 마음이죠."

마리는 집에 남아서 마송의 아내가 설거지하는 것을 돕겠다고 했다. 파리 출신의 자그마한 마송 부인은 그러니 남자들은 밖으로 나가야 한다고 했다. 우리 셋은 밖으로 나왔다.

모래 위로 햇볕이 거의 수직으로 내리쬐었고 바다에 반사된 빛은 견디기 힘들 정도로 눈이 부셨다. 이제 해변에 남아 있는 사람은 없었다. 고원의 가장자리에서 바다 위로 돌출된 별장들 안에서는 접시와 식기류가 부딪히는 소리가 났다. 땅에서 올라오는 열기 때문에 숨쉬기가 어려웠다. 먼저 레몽과 마송이 내가 모르는 일과 사람들에 관하여 이야기했다. 이야기를 들어보니 둘은 꽤 오래전부터 알던 사이였고 한때 같이 살기도 했다는 것을 알게 됐다. 우리는 물가로 가서 바다를 따라 걸었다. 때로 길게 늘어진 잔잔한 파도가 캔버스 신발을 적셨다. 나는 맨머리에 내리쬐는 햇볕 때문에 비몽사몽했으므로 아무런 생각도 들지 않았다.

그때 레몽이 마송에게 무슨 말을 했는데 나는 잘 듣지 못했다. 그와 동시에 해변 저 멀리서 푸른 작업복을 입은 두 아랍인이 우리를 향해 걸어오고 있는 것이 보였다. 내가 레몽을 쳐다보자 그가 내게 "그놈이야"라고 말했다. 우리는 멈추지 않고 걸었다. 마송은 저 사람들이 어떻게 여기까지 뒤따라온 건지 궁금해했다. 나는 우리가 방수 가방을 들고 버스를 타는 걸 본 것이 틀림없다고 생각했지만 그 말은 하지 않았다.

아랍인들은 천천히 걸어왔지만 어느덧 우리와 꽤 가까워졌다. 우리는 똑같은 속도로 계속 걸었다. 레몽이 "싸움이 나면 마송 너는 두 번째 놈을 맡아. 내가 그놈을 맡을게. 뫼르소는 또 다른 놈이 오면 그놈을 네가 맡아"라고 말했다. 나는 "알겠어"라고 대답했다. 마송은 주머니에 손을 넣었다. 달궈진 모래가 이제는 붉게 보였다. 우리는 아랍인들을 향해 똑같은 보폭으로 나아갔다. 그들과의 거리가 일정하게 줄어들었다. 몇 발짝 정도로 가까워졌을 때 아랍인들이 멈춰 섰다. 마송과 나는 걸음을 늦췄다. 레몽은 자기 상대에게 곧장 다가갔다. 레몽이 그에게 무슨 말을 하는지 들리지 않았지만 상대가 그에게 박치기하는 시늉을 했다. 그때 레몽이 먼저 그를 때렸고 곧장 마송을 불렀다. 마송은 지목했던 아랍인에게 달려들었고 체중을 실어 주먹을 두 번 휘둘렀다. 아랍인은 바닷물 위로 엎어졌고 얼굴이 바닥에 박혀버렸다. 그렇게 몇 초간 움직이지 않고 있었다. 파도 거품이 그의 얼굴 주변으로 수면에서 튀었다. 그러는 동안 레몽도 상대를 때렸고 그의 얼굴에서 피가 났다. 레몽이 나를 돌아보며 "이 자식이 어떤 대가를 받는지 잘 봐"라고 말했다. "조심해! 칼을 가지고 있어!"라고 내가 소리쳤다. 하지만 이미 레몽은 팔에 상처를 입고 입술을 베였다.

마송이 앞으로 뛰어갔다. 하지만 다른 아랍인이 일어나 칼을 든 아랍인 뒤로 가서 섰다. 우리는 도무지 움직일 수 없었다. 그들은 우리를 응시하면서 칼을 든 채로 천천히 뒷걸음질했다. 어느 정도 거리가 벌어지자 아랍인들은 재빨리 도망쳤다. 그러는 동안 우리는 태양 아래서 꼼짝도 하지 않았다. 레몽은 피가 뚝뚝 떨어지는 팔을 단단히 움켜쥐고 있었다.

마송은 일요일마다 고원 별장에 오는 의사가 있다고 곧장 말했다. 레몽은 의사에게 바로 가자고 했다. 하지만 그가 말을 할 때마다 상처 때문에 입에서 피거품이 일었다. 우리는 그를 부축해서 별장으로 서둘러 돌아갔다. 별장에서 레몽은 칼이 스쳤을 뿐이라면서 의사에게 갈 수 있다고 말했다. 마송이 레몽을 데리고 나가고 나는 무슨 일이 벌어졌는지 여자들에게 설명하려고 별장에 남았다. 마송의 아내는 울었고 마리는 새하얗게 질렸다. 나 역시 이런 이야기를 전하는 것이 성가셨다. 이내 나는 입을 다물었고 바다를 바라보며 담배를 피웠다.

1시 반쯤 레몽과 마송이 돌아왔다. 레몽은 팔에 붕대를 감고 입가에 반창고를 붙이고 있었다. 의사는 큰 상처가 아니라고 말했지만 레몽은 어지간히 침울해 보였다. 마송이 레몽을 웃게 만들려고 했지만 레몽은 계속 묵묵부답이었다. 해변으로 나가 겠다고 해서 내가 어딜 가려는 건지 물었다. 레몽은 바람 좀 쐬고 싶다고 했다. 마송과 내가 함께 가려고 하니 화를 내며 욕을 했다. 마송은 그의 비위를 거스르지 말자고 했지만 그래도 나는 레몽을 따라갔다.

우리는 한동안 해변을 따라 걸었다. 따가운 뙤약볕이 모래와 바다 위로 산산이 부서졌다. 레몽은 어디로 가는지 알고 있는 것 같았지만, 어쩌면 내 짐작이 틀린 것일 수도 있다. 해변 끝자락에서 뒤로는 큰 바위가 있고 모래 속으로 흘러 들어가는 작은 샘에 도착했다. 그곳에서 우리는 두 아랍인을 발견했다. 기름 때가 묻은 작업복을 입은 채 누워 있었다. 그들은 평온해 보이기 그지없었고 거의 흡족한 듯했다. 우리가 나타났는데도 그들은 옴짝달싹하지 않았다. 레몽을 때렸던 아랍인은 말없이 그를 응시했다. 다른 아랍인은 우리를 곁눈질로 쳐다보면서 작은 갈댓잎으로 세 가지 음을 내며 연거푸 피리를 불었다.

그러는 동안 여전히 햇볕은 내리쬐었고 샘에서 나는 물소리와 풀피리의 세 가지 음만 들렸다. 잠시 후 레몽이 주머니에서 권총을 꺼냈다. 하지만 상대는 움직이지 않고 그저 서로 쳐다보기만 했다. 풀피리를 불던 아랍인의 발가락이 넓게 벌어져 있는 것이 눈에 들어왔다. 적수에게 눈을 떼지 않은 채 레몽이 "저 자식 쏴버릴까?" 하고 내게 물었다. 내가 아니라고 대답하면 그는 흥분한 나머지 당장에 방아쇠를 당길 것 같았다. 그래서 "저 녀석이 뭐라고 한 것도 아닌데 총을 쏘는 건 비겁한 짓이야"라고만 대답했다. 우리는 침묵과 열기 속에서 잔잔한 물소리와 풀피리 소리만 듣고 있었다. 그러다가 레몽이 "그럼 내가 저 자식에게 욕을 퍼부을게. 뭐라고 말대꾸라도 하면 쏴버릴 거야"라고 말했다. 나는 "그래 그럼. 근데 저 자식이 칼을 꺼내지 않는 이상 너도 저 자식을 쏘면 안 돼"라고 말했다. 레몽이 약간 동요하기 시작했다. 여전히 풀피리를 불면서 두 아랍인은 레몽의 일거수일투족을 주시했다. 나는 "아니야. 그냥 남자 대 남자로 붙고 권총은 내게 줘. 누군가 끼어들거나 칼을 꺼내면 내가 쏴버릴게"라고 레몽에게 말했다.

레몽이 내게 권총을 건네줬을 때 태양이 그 위로 미끄러지며 번쩍였다. 우리는 사방으로 갇혀 있는 듯 움직이지 않고 있었다. 시선을 내리깔지 않고 서로를 쳐다보고 있었다. 모든 것이 바다, 모래, 태양 그리고 풀피리 소리와 물소리의 침묵 속에서 멈춘 듯했다. 그때 방아쇠를 당길 수도 그러지 않을 수도 있는 고비에 있다는 생각이 들었다. 그런데 아랍인들이 돌연 뒷걸음질해서 바위 뒤로 사라졌다. 그래서 레몽과 나는 다시 돌아왔다. 그는 한결 기분이 나아진 것 같았고 돌아가는 버스에 관하여 이야기했다.

레몽과 별장까지 함께 돌아왔다. 그는 목조 계단을 올라갔지만 나는 계단 앞에서 그대로 서 있었다. 햇볕 때문에 머릿속이 울렸고 목조 계단을 올라가 여자들에게 자초지종을 설명해야한다고 생각하니 기운이 빠졌다. 더위 때문에라도 하늘에서 쏟아지는 눈부심 속에서 그대로 있기는 힘들었다. 여기 더 있으나 자리를 뜨나 매한가지였다. 이윽고 나는 해변으로 돌아가 걷기 시작했다.

붉은빛이 여전히 작렬하고 있었다. 바다는 모래 위에서 잔잔한 파도들로 가쁜 숨을 쉬며 헐떡이고 있었다. 나는 바위를 향해 천천히 걸었고 태양 아래서 이마가 부푼 것 같은 느낌을 받았다. 이 모든 열기가 나를 짓눌러서 앞으로 나아가기 어려웠다. 얼굴에서 뜨거운 태양의 숨결이 느껴질 때마다 나는 이를 악물고 바지 주머니에 넣은 주먹을 불끈 쥐었다. 태양과 태양이 내게 쏟아내는 모호한 취기를 이겨내려고 온몸에 힘이 들어갔다. 모래와 하얀 조개 그리고 유리 조각이 뱉어내는 날카로운 빛을 받을 때마다 턱에 경련이 났다. 나는 오랫동안 걸었다.

빛의 후광과 물보라로 둘러싸인 작고 검은 암석 더미가 멀리서 보였다. 암석 뒤에 있던 시원한 샘물이 생각났다. 태양과 설명해야 한다는 수고, 여자들의 눈물을 피해 졸졸 흐르는 물소리를 다시 들으며 그늘에서 쉬고 싶었다. 그 근처에 도착했을 무렵 레몽의 적수가 그곳에 다시 와 있는 것이 보였다.

그는 혼자였다. 손을 목덜미에 포개고 등을 기대고 있었다. 얼굴은 바위 그늘에 가려져 있었고 몸 전체는 햇볕에 노출되어 있었다. 열기 때문에 푸른 작업복에서는 김이 났다. 나는 살짝 놀랐다. 나는 이미 끝난 일로 여겼기에 이런 일은 미처 예상하지 못하고 온 것이었다.

그가 나를 보자마자 몸을 약간 일으키고 주머니에 손을 넣었다. 나 역시 재킷에 넣어둔 레몽의 권총을 움켜쥐었다. 그는 다시 뒤로 누웠지만 주머니에서 손을 빼지는 않았다. 그와는 약 10미터 정도 떨어져 있었다. 나는 반쯤 감긴 그의 눈꺼풀 속에서 가끔 그의 시선이 느껴졌다. 하지만 그의 모습은 이글대는 공기 속에서 곧잘 춤을 추고 있었다. 파도 소리는 정오 때보다 더 나른하고 완만해졌다. 똑같은 모래밭 위로 쏟아지는 똑같은 태양, 똑같은 빛이 여기까지 이어지고 있었다. 두 시간째 대낮은 앞으로 나아가지 않고 정지해 있었다. 한낮이 금속처럼 반짝이는 바다에 닻을 내린 지 두 시간이 지났다. 수평선에서는 작은 증기선이 지나가고 있었고 나는 줄곧 아랍인을 응시하고 있던 터라 배는 눈가에서 검은 점처럼 보였다.

내가 돌아서기만 하면 이 상황이 끝나리라 생각했다. 하지만 태양으로 이글대는 해변이 나를 뒤에서 밀고 있었다. 나는 샘으로 몇 발짝 내디뎠다. 아랍인은 움직이지 않았다. 그런데도 우리는 아직 거리를 두고 있었다. 아마도 그의 얼굴에 드리운 그늘 때문인지 그가 웃고 있는 것 같았다. 나는 기다렸다. 햇볕 때문에 볼 화상을 입을 듯했고 땀방울이 눈썹에 고인 게 느껴졌다.

엄마를 매장하던 날, 그때와 같은 태양이었다. 그날 머리가 유난히 아팠고 모든 혈관이 피부 속에서 박동했었다. 열기를 더는 참을 수 없어서 앞으로 한 걸음 움직였다. 바보 같은 짓이라는 것을 알았다. 한 발짝 움직인다고 해서 태양을 쫓아버릴 수는 없는 것이다. 하지만 한 걸음만 앞으로 나아갔다. 그때 아랍인은 누운 채로 태양 아래서 내 앞으로 칼을 들이밀었다. 빛에 반사되어 반짝이는 긴 칼날이 내 이마를 쳤다. 동시에 눈썹에 고인 땀이 한 방울 눈꺼풀로 떨어졌고 미지근하고 두꺼운 장막이 드리워졌다. 눈물에 소금기가 더해진 장막 때문에 앞이 보이지 않았다. 머릿속에서 태양이 쨍쨍거리는 소리가 들렸고 번쩍이는 칼날이 나를 향하고 있는 것만 희미하게 보였다. 이 번쩍이는 칼날이 내 속눈썹을 파고들어 고통스러웠다. 모든 것이 흔들린 것은 그때였다. 바다는 무겁고 뜨거운 숨결을 옮겨 왔다. 하늘이 활짝 열려 뜨거운 비가 쏟아지는 것 같았다. 내 존재는 온통 긴장했고 나는 권총을 움켜잡았다. 방아쇠를 당겼고 손잡이의 배가 매끈했다. 그때 귀가 찢어질 것 같은 날카로운 소음 속에서 모든 것이 시작됐다. 나는 땀과 햇볕을 떨쳐버렸다. 내가 하루의 평온을, 행복했던 해변에서의 특별한 침묵을 깨뜨렸다는 걸 알았다. 그때 나는 움직이지 않는 몸에 네 발을 더 쐈고 총알은 몸에 박혀 보이지 않았다. 네 발의 총성은 마치 불행의 문에 네 번 짧게 노크하는 것 같았다.

제2부

1

　나는 체포된 후 곧바로 여러 차례 조사를 받았다. 하지만 오래 걸리지 않는 인정신문이었다. 경찰서에서는 애당초 내 사건에 아무도 관심을 두지 않았다. 오히려 일주일 후에 만난 예심 판사가 나를 호기심 어린 눈빛으로 쳐다봤다. 내 이름, 주소, 직업, 생년월일, 출생지를 묻는 것으로 시작됐다. 그런 후 내게 변호사를 선임했는지 물었다. 나는 아니라고 했고 꼭 필요하냐고 물었다.

　"안 하시려는 이유가?"

　그가 물었다. 내 사건이 너무 단순 명확해서라고 대답했다. 그는 웃으며 "개인적인 생각인 거죠. 하지만 법이라는 게 있잖아요. 변호사를 선임할 수 없다면 저희가 국선 변호사를 선정합니다"라고 말했다. 법이 이런 자잘한 일들을 편리하게 처리한다는 생각이 들었다. 그런 말을 하니 예심 판사는 내 생각에 동의하며 법이 체계적이라고 아퀴 지었다.

나는 처음에 그를 진지하게 대하지 않았다. 그는 커튼이 달린 방에서 나를 맞았다. 책상에는 조명 하나만 있었는데 내가 앉을 의자만 비추고 있었고 그의 자리는 어두웠다. 나는 이미 책에서 비슷한 장면을 여러 번 읽은 적이 있어서 그런지 모든 게 장난같이 보였다. 그런데 그와 대화한 후에는 그를 눈여겨보지 않을 수 없었다. 그는 이목구비가 섬세했고 푸른 눈은 움푹 들어가 있었으며 키가 컸다. 긴 회색 콧수염을 기르고 있었고 백발에 가까운 머리카락은 풍성했다. 상당히 이성적으로 보여서 입술을 잡아당기는 신경질적인 버릇에도 한마디로 호감이 가는 사람으로 보였다. 방에서 나가며 악수를 청하려고 했으나 때마침 내가 사람을 죽였다는 사실이 떠올랐다.

다음 날 한 변호사가 교도소로 나를 찾아왔다. 그는 키가 작았고 통통했으며 다소 젊었다. 머리는 정성스럽게 빗어 붙였다. 나는 반소매 셔츠를 입고 있었는데 그런 더운 날씨에도 그는 어두운색 양복을 입고 있었다. 깃이 빳빳한 셔츠에 희한한 넥타이를 매고 있었는데 검은색과 흰색이 섞인 커다란 줄무늬였다. 그는 겨드랑이에 끼고 온 서류 가방을 내 침대 위에 내려놓고 자신을 소개했다. 그러면서 내 서류를 검토했다고 했다. 내 사건은 까다롭지만 자신을 믿고 따른다면 승산이 있다고 했다. 내가 감사하다고 인사하자 그는 내게 말했다.

"이제 본론으로 들어가죠."

그는 내 침대에 앉아 나의 사생활에 대한 조사가 있었다고 설명했다. 근래 양로원에서 어머니가 돌아가셨다는 것도 알게 됐다고 했다. 그래서 마렝고에서도 조사가 진행됐다고 했다. 예심 판사들은 엄마의 장례식 날 '내가 무덤덤한 태도를 보였다'는 것을 알고 있었다.

"아시겠지만, 당신에게 이런 질문을 하는 게 저 역시 편하지는 않아요. 하지만 중요한 문젭니다. 제가 제대로 된 답변을 찾지 못하면 기소에 결정적 근거가 될 수 있어요."

그는 내가 협조하기를 바랐고 그날 마음이 아팠는지 내게 물었다. 그런 식의 질문에 나는 크게 놀랐다. 내가 누군가에게 그런 질문을 해야 한다면 그 자체로 굉장히 불편할 것 같았기 때문이다. 하지만 나는 자문하던 습관이 어느 정도 없어졌던 터라 답변하기 어렵다고 했다. 아마도 나는 엄마를 퍽 좋아했던 것 같았지만 이런 말은 아무 의미도 없었다. 정상적인 사람이라면 사랑하는 사람의 죽음을 어느 정도 바란 적이 있지 않은가, 여기까지 말했을 때 변호사는 내 말을 끊었다. 그는 매우 심란해 보였다. 그리고 법정에서나 예심 판사들 앞에서 그런 식으로 답변하지 않겠다고 약속하라고 했다. 그렇지만 나는 기질상 육체적 욕구 때문에 종종 감정을 조절할 수 없다고 설명했다. 엄마의 장례식 날, 나는 너무 피곤하고 졸렸다. 그래서 무슨 일이 있었는지 해명할 수 없었다. 확실하게 말할 수 있는 건 엄마가 돌아가시지 않았다면 더 좋았으리란 것뿐이었다. 하지만 이런 설명에도 변호사는 만족하지 않는 듯했다. 그러더니 "그 정도로는 어림도 없어요"라고 말했다.

변호사는 곰곰이 생각했다. 이윽고 내게 그날 자연스럽게 든 감정을 억눌렀다고 말해도 좋을지 물었다.

"아뇨. 그건 거짓이에요."

그는 나에게 환멸을 느끼는 듯, 이상한 눈초리로 나를 쳐다봤다. 양로원 원장과 직원들이 틀림없이 증인 신문을 받을 것이고 그러면 "그 일이 매우 불리하게 작용할 수 있다"라고 매섭게 말했다. 나는 변호사에게 그 일이 이번 사건과는 관련이 없다고 지적했지만 그는 내가 송사에 휘말려본 적 없이 살아온 게 분명해 보인다고만 대답했다.

그는 화가 난 채로 떠났다. 그를 붙잡고 자초지종을 설명하고 공감을 얻고 싶었다. 잘 변호해주길 바라서가 아니라 이를테면 사람이라면 당연히 그러듯이 말이다. 무엇보다 내가 그를 불편하게 만들었다는 것을 알았다. 그는 나를 이해하지 못했고 조금은 나를 원망했다. 나도 다른 사람들과 같다고, 다르지 않다고 확실하게 말하고 싶었다. 그런다고 해서 실상 큰 소용이 있지 않을 테니 나는 곧 귀찮아져서 단념했다.

얼마 지나지 않아 나는 다시 한번 예심 판사 앞으로 불려 갔다. 오후 2시였고 사무실은 베일 커튼을 통과하고 들어오는 빛으로 환했다. 공기가 후덥지근했다. 그는 나를 자리에 앉힌 후 꽤 정중하게 내 변호사가 '피치 못할 사정으로' 올 수 없다고 설명했다. 그가 하는 질문에 답하지 않고 내 변호사의 입회를 기다릴 권리가 내게 있다고 했다. 하지만 나는 혼자서 답변할 수 있다고 말했다. 그는 책상 위의 버튼을 손가락으로 눌렀다. 젊은 서기 한 명이 들어와 내 뒤에 자리를 잡았다.

　예심 판사와 나는 소파에 편히 앉았다. 심문이 시작됐다. 그는 먼저 사람들이 나를 말수가 적고 집 밖으로 잘 나오지 않는 사람이라고 설명했다며 이에 대해 어떻게 생각하는지 물었다. 나는 "딱히 할 말이 없기 때문입니다. 그래서 그냥 말을 안 하는 거죠"라고 답변했다. 그는 처음 만났을 때처럼 웃으며 가장 나은 이유라고 인정했다.

　"게다가 전혀 중요하지 않은 문제죠."

　그는 입을 다물고 나를 쳐다보더니 별안간 일어서서 빠르게 말했다.

　"내가 관심 있는 건 당신이에요."

　무슨 말인지 알 수 없어서 나는 아무런 대답도 하지 않았다.

　"당신 행동을 보면 내가 놓친 무언가가 있거든요. 그런 점을 파악할 수 있도록 저에게 협조해주시리라 믿습니다."

나는 모든 것이 단순하다고 말했다. 그는 내게 그날을 되짚어
보라고 재촉했다. 그래서 나는 이미 했던 이야기들로 다시 요약
했다. 레몽, 해변, 해수욕, 싸움, 다시 해변, 작은 샘, 태양 그리고
다섯 발 발사. 문장을 마칠 때마다 그는 "그렇군요, 좋아요"라고
말했다. 아랍인이 쓰러진 대목에 이르자 그는 "좋습니다"라고 동
의했다. 나는 같은 진술을 반복해서 말하느라 힘들었다. 여태껏
그렇게 말을 많이 한 적은 없는 것 같았다.

잠시 침묵이 흐른 후 그는 일어나서 나를 돕고 싶다고 했다.
나에게 관심이 있고 신이 돕는다면 나를 위해 해줄 수 있는 일
이 있을 것이라고 했다. 하지만 그전에 다시 몇 가지를 내게 묻고
싶다고 했다. 그는 다짜고짜 내가 엄마를 사랑했는지 물었다. 나
는 "그럼요, 다른 사람들처럼요"라고 대답했는데 그때 일정한 속
도로 타자 치던 서기가 실수했음이 틀림없다. 당황하면서 뒤로
돌아가 다시 타자를 쳤기 때문이다. 여전히 뚜렷한 맥락 없이 예
심 판사는 내게 총 다섯 발을 연달아 쐈는지 물었다. 나는 곰곰
이 생각했고 처음에는 한 발만 쐈고 몇 초 후 네 발을 연달아 쐈
음을 정확히 했다.

"왜 몇 초 후 다시 쏜 겁니까?"

나는 한 번 더 붉은 해변으로 돌아갔고 이마가 태양 때문에
타는 듯한 느낌이 들었다. 하지만 이번에는 답변하지 않았다. 내
침묵을 참는 동안 예심 판사는 흥분한 듯싶었다. 그는 자리에

앉아서 머리를 헝클어뜨리고는 책상에 팔꿈치를 괴고 묘한 표정으로 나를 향해 몸을 기울였다.

"왜죠, 왜 쓰러진 사람에게 총을 쐈습니까?"

이 질문에도 나는 할 말을 찾을 수 없었다. 예심 판사는 손으로 이마를 짚으며 사뭇 달라진 어조로 다시 물었다.

"왜 그랬습니까? 제게 대답을 해주셔야 합니다, 왜 그랬습니까?"

나는 여전히 입을 열지 않았다.

그는 불쑥 일어나 사무실 끝을 향해 성큼성큼 걸어가 캐비닛의 서류함을 열었다. 그 안에서 은 십자가를 꺼내 들고 내 맞은편으로 돌아 꺼낸 것을 흔들었다. 그는 완전히 달라진 목소리로 미세하게 떨면서 소리쳤다.

"이게 뭔지 알죠?"

나는 "네, 그럼요"라고 대답했다. 그러자 자신은 신을 믿으며 어떤 인간도 신이 용서하지 않을 정도로 죄 많은 인간은 없지만, 용서받기 위해서는 회개함으로써 어린아이가 되어 그 빈 영혼에 무엇이든 채울 준비가 되어 있어야 한다는 신념을 가지고 있다고 격양된 채 속사포처럼 말했다. 그는 책상에 온몸을 기대고 있었다. 거의 내 머리 위에서 십자가를 흔들었다. 솔직히 말하자면 나는 예심 판사의 추론을 제대로 따라가지 못하고 있었다. 무엇보다 나는 더웠고 사무실에 있던 큰 파리들이 내 얼굴로 날아와 달라붙었기 때문이다. 더구나 나는 그의 행동이 약간 무섭기도 했다. 이와 동시에 어이가 없다는 생각도 들었다. 무엇보다 살인범은 바로 나였으니 말이다. 하지만 그는 멈추지 않았다. 내 자백을 들으며 그에게는 불분명한 지점이 딱 한 군데가 있었는데 그것은 바로 왜 두 번째 발사 전에 시간 차가 있었냐는 것임을 어렴풋이 이해했다. 그는 그 외의 내용을 모두 파악했지만 그 부분만은 이해할 수 없던 것이다.

그렇게 고집을 부리는 것은 잘못된 일이라고 말하려고 했다. 그 부분은 하등 중요하지 않았다. 하지만 그는 내 말을 끊고 벌떡 일어나 내가 하나님을 믿지 않는지 물으며 마지막으로 나를 설득했다. 나는 믿지 않는다고 했다. 그는 다시 앉으며 분기탱천했다. 그건 불가능하다고, 모두가 하나님을 믿으며 심지어 하나님의 얼굴을 외면하는 사람들도 그렇다고 말했다. 이것이 그의 신념이고 일말의 의심이라도 있다면 그의 인생은 어떤 의미도 없는 것이었다. "그러니까 당신은 내 인생에 의미가 없길 바라는 거요?" 하며 언성을 높였다. 그런 것은 내 알 바가 아니라는 생각이 들었고 그에게 그렇게 대답했다. 그는 책상을 가로질러 이미 내 눈앞으로 십자가를 내밀고는 "나, 나는 기독교인이야. 네가 저지른 잘못들에 대해 내가 여기 이분에게 용서를 구하고 있어. 그런데 어떻게 하나님이 너를 위해 고통받으셨다는 것을 믿지 않을 수가 있지?" 하며 이성을 잃고 소리쳤다. 나는 그가 내게 반말을 쓰고 있다는 것을 알아챘지만 그저 지긋지긋했다. 열기는 점점 더해졌다. 듣기 싫은 소리를 하는 사람에게서 벗어나고 싶을 때마다 나는 수긍하는 척했다. 놀랍게도 그는 의기양양해졌다.

"거봐, 거봐. 너도 하나님을 믿고 의지하는 거지?"

물론 이번에도 나는 그렇지 않다고 했다. 그러자 그는 소파에 털썩 주저앉았다.

그는 피곤한 기색이 역력했다. 잠시 조용히 있었다. 그러는 사이에 쉬지 않고 대화를 따라오던 타자기는 그 순간에도 계속해서 마지막 문장을 기록하고 있었다. 그리고 예심 판사는 조금은 슬픈 듯이 가만히 나를 바라봤다. 그는 중얼거렸다.

"당신같이 냉담한 영혼은 본 적이 없어요. 나를 만났던 범죄자들 중에 이런 고통스러운 형상을 보고도 울음을 터뜨리지 않은 자가 없었어요."

나는 그들은 범죄자라서 그런 것이라고 정확히 말하려 했다. 하지만 나 역시 그런 사람이라는 생각이 들었다. 도저히 익숙해지지 않는 생각이었다. 그때 그는 자리에서 일어났는데 심문이 끝났다는 의미 같았다. 그리고 약간 지친 기색으로 다만 내 행동이 후회되지는 않은지 물었다. 나는 곰곰이 생각한 후에 진정 후회된다기보다 그저 난처하다고 말했다. 그는 나를 이해하지 못하는 것 같았다. 그날 심문은 거기서 끝났다.

그 후로 나는 종종 예심 판사를 만났다. 전과 달라진 것은 매번 변호사와 동행했다는 것이다. 내가 이미 진술했던 내용에서 일부 내용을 확인하는 정도였다. 그렇지 않을 때는 예심 판사와 내 변호사는 세금에 대해 논의했다. 그럴 때 이들은 나를 전혀 신경 쓰지 않았다. 어찌 됐든 심문의 분위기는 약간 바뀌었다. 예심 판사는 이제 내게 관심이 없는 듯했고 어떤 식으로든 내 사건을 결론지은 것 같았다. 더 이상 내게 신에 대해서 이야기하지 않았고 그날처럼 그가 흥분한 모습을 다시는 볼 수 없었다. 그 결과로 우리의 면담은 한결 부드러워졌다. 내 변호사와 짧게 대화를 나누고 몇 가지 질문을 받고 심문은 끝났다. 내 사건은 예심 판사의 말마따나 순조롭게 진행됐다. 일반적인 내용의 대화를 나눌 때면 가끔 나를 대화에 끼워줬다. 그제야 나는 숨통이 트이기 시작했다. 그럴 때 내게 야박하게 구는 사람은 없었다. 모든 것이 매우 자연스럽게 잘 마무리되고 간단하게 진행됐던 터라 나는 '식구가 된 것' 같은 터무니없는 느낌까지 받았다. 11개월이나 지속된 예심이 끝났을 때, 예심 판사가 그의 사무실에서 나를 문까지 배웅하면서 내 어깨를 톡톡 두드리고 다정한 목소리로 "오늘은 여기까지예요, 불신자 선생" 하고 말했던, 뜻밖의 순간들을 내가 즐겼다는 사실에 픽 놀랐다고 할 수 있다. 그리고 나를 경관들 손에 넘겼다.

2

내가 결코 입 밖에 꺼내고 싶지 않은 것들이 있다. 감옥에서 며칠을 지내보니 내 삶에서 이 시기에 대해서만큼은 말하고 싶어 하지 않으리라는 것을 알았다.

얼마 후 이러한 반감이 더 이상 중요하지 않다는 생각이 들었다. 사실 초반에는 감옥에 있다는 것이 실감 나지 않았다. 새로운 일들을 막연하게 기다리고 있었다. 마리가 처음이자 마지막으로 면회를 다녀간 직후 모든 것이 시작됐다. 내가 그녀의 편지를 받은 날, (마리는 편지에서 자기가 나의 아내가 아니기 때문에 더 이상 면회가 허락되지 않는다고 했다) 바로 그날부터 나는 감옥이 내 집처럼 느껴졌고 이곳에서 내 삶이 멈춘 듯했다. 체포되던 날, 나는 먼저 여러 수감자가 갇혀 있는 방에 수감됐는데 대부분이 아랍인이었다. 그들은 나를 보면서 웃었다. 그러고는 무슨 짓을 저질렀느냐고 내게 물었다. 나는 아랍인 한 명을 죽였다고 했더니 모두 조용해졌다. 그리고 밤이 됐다. 내가 쓸 깔개를 어떻게 정리해야 하는지 수감자들이 설명해줬다. 한쪽 끝을 돌돌 말아 베개로 만드는 것이었다. 밤새 얼굴에서 빈대들이 기어 다녔다. 며칠이 지나고 나는 나무판자 침대가 있는 독방에 격리됐다. 나무 변기통과 철 세면대가 있었다. 감옥은 도시 꼭대기에 있어서 작은 창문으로 바다를 볼 수 있었다. 어느 날은 창살을 움켜쥐고 얼굴에 햇볕을 쬐고 있었는데 교도관이 와서 누군가 면회를 왔다고 했다. 나는 마리라고 생각했고 실제로 마리가 맞았다.

면회실로 가기 위해 긴 복도를 따라 걸었다. 그런 후 계단이 나왔고 계단이 끝나면 또 다른 계단이 나오고 그 끝에서는 다른 복도가 나왔다. 나는 환하고 매우 넓게 트인 방으로 들어갔다. 그곳은 두 개의 큰 창살을 세로로 배치해 세 구역으로 나뉘어 있었다. 두 창살 사이 간격은 8~10미터 정도였고 면회인과 수감자를 갈라놓았다. 나는 정면에 있는 마리를 발견했다. 그녀는 줄무늬 원피스를 입고 있었고 얼굴은 까무잡잡했다. 내 쪽에는 십여 명의 수감자가 있었고 대부분이 아랍인이었다. 마리는 무어인 여자들에 둘러싸여 있었는데 양쪽으로 면회인이 한 명씩 있었다. 한 명은 검은색 옷을 입고 입술을 앙다문, 키가 작은 노인이었고 다른 한 명은 모자를 쓰지 않은 뚱뚱한 여자였는데 목소리와 몸짓이 상당히 컸다. 창살 사이에는 거리가 있어서 면회인들과 수감자들은 목청껏 이야기해야 했다. 내가 면회실에 들어섰을 때 목소리가 만드는 소음이 면회실의 매끈하고 거대한 벽에 반사됐고 창을 통해 곧장 들어오는 햇볕은 사방으로 퍼졌다. 그래서 나는 약간 현기증 같은 것이 났다. 내 독방은 더 조용하고 더 어두웠다. 그래서 적응하려면 몇 초가 필요했다. 이윽고 환한 빛 속에서 사람들의 얼굴을 선명하게 볼 수 있었다. 한 교도관이 두 창살 사이, 복도 끝에서 앉아 있는 것이 보였다. 아랍인 수감자들과 그의 가족들은 대부분 얼굴을 마주하고 웅크리고 앉아 있었다. 이들은 소리치지 않았다. 이러한 소란 속에서도 용케 조용하게 이야기하면서 서로 알아들었다. 아래에서 시작된 소곤거리는 소리는 머리 위로 교차하는 대화 소리를 받쳐주는 저음을 만들고 있었다. 이 모든 걸 마리를 향해 걸어가면서 포착했다. 진작부터 창살에 바싹 붙어 있던 마리는 힘껏 웃고 있었다. 나는 그녀가 매우 아름답다고 생각했지만 어떻게 말해야 할지 몰랐다.

"어때?"

마리가 큰 목소리로 물었다.

"거기 어때? 괜찮아? 필요한 건 없어?"

"응, 다 있어."

우리는 아무런 말도 없었고 마리는 여전히 웃고 있었다. 뚱뚱한 여자는 키가 크고 금발에 솔직한 눈빛을 가진, 내 옆에 앉은 남자에게 소리를 지르고 있었다. 그녀의 남편인 듯했다. 이미 시작된 대화가 한창이었다.

여자는 "잔느는 개를 맡고 싶어 하지 않았어"라고 내 옆에 앉은 남자에게 목청껏 외쳤다. "그래, 알았어"라고 남자가 대답했다.

"당신이 출소하면 다시 맡을 거라고 말했는데도 잔느는 맡으려고 하지 않았어."

마리는 마리대로 레몽이 안부를 전해달라고 했다며 소리를 질렀고 나는 "고맙다고 전해줘"라고 대답했다. 하지만 내 목소리는 옆자리 남자 목소리에 묻혀버렸다. 그가 "개는 잘 지내지?"라고 묻자 그의 아내가 웃으면서 "어느 때보다 잘 지내"라고 대답했다. 내 왼쪽에 앉은 남자는 젊었는데 키가 작고 손이 고왔다. 그는 아무 말도 하지 않았다. 키가 작은 노인과 마주 보고 있었는데 둘 다 서로를 뚫어지게 응시하고만 있었다. 나는 사람들을 관찰하느라 더 시간을 낭비할 수 없었다. 마리가 희망을 잃지 말라고 내게 소리치고 있었기 때문이다. 나는 "알겠어"라고 대답하면서 마리를 쳐다봤다. 원피스 위로 보이는 마리의 어깨를 껴안고 싶었다. 그 얇은 천을 느끼고 싶었고 그것 말고 다른 무엇에 희망을 가져야 할지 확신하지 못했다. 마리가 계속 웃고 있는 것을 보면 필시 그런 의미의 말이었을 거다. 그녀의 빛나는 치아와 눈가의 작은 주름밖에 보이지 않았다. 마리가 또다시 소리쳤다.

"곧 나오게 될 거야. 그럼 우리 결혼하자!"

나는 "그렇게 생각해?"라고 물었지만 그것은 아마 무슨 말이든 하려고 꺼낸 말이었던 거다. 마리는 여전히 빠르고 큰 소리로 그렇다고 말했다. 내가 무죄를 선고받고 예전처럼 같이 해수욕할 수 있을 것이란다. 마리 옆에 앉은 여자가 서기과에 물건을 맡겼다고 소리를 질렀다. 가져온 물건을 하나하나 열거했다. 전부 비싼 물건이었기 때문에 그는 확인해야 할 것이다. 젊은 수감자는 여전히 어머니와 서로 쳐다보고 있었다. 아랍인들이 소곤거리는 소리가 우리 쪽에서 떠드는 소리 아래에서 여전히 저음부를 만들고 있었다. 밖에서는 빛이 창에 부딪혀 팽창하는 것 같았다.

나는 조금 불편했기 때문에 마음 같아서는 자리를 뜨고 싶었다. 사방에서 들리는 소음 때문에 힘들었다. 하지만 한편으로는 마리와 함께 있는 시간을 허투루 보내고 싶지 않았다. 시간이 얼마나 지났는지 모르겠다. 마리는 자기 회사 일에 관하여 이야기하면서 쉬지 않고 웃었다. 소곤대는 소리, 고함, 대화가 한데 뒤섞였다. 내 옆에서 젊은 남자와 노인은 서로를 바라보며 둘만이 유일한 침묵의 섬에 있었다. 교도관들이 차례로 아랍인들은 인솔했다. 먼저 한 수감자가 면회실을 나가자마자 안에 있던 모든 사람이 입을 다물었다. 왜소한 노인은 창살로 다가왔고 그와 동시에 교도관이 그녀의 아들에게 신호를 보냈다. 그는 "조심히 가세요, 엄마"라고 말했고 그녀는 아들에게 천천히 오랫동안 작게 손짓했다.

노인이 나가자 한 남자가 손에 모자를 들고 그 자리에 앉았다. 한 수감자가 들어왔고 활기차게 이야기했지만 면회실이 다시 조용해진 탓에 목소리를 낮췄다. 교도관이 내 오른쪽에 있는 수감자를 데리러 왔고 그의 아내는 이제는 목소리를 높일 필요가 없어졌다는 사실을 눈치채지 못한 듯 큰 소리로 말했다.

"몸 잘 챙겨, 조심하고."

그리고 내 차례가 왔다. 마리는 내게 키스하는 시늉을 했다. 나는 면회실에서 나가기 직전에 뒤돌아봤다. 마리는 그 자리에 가만히 서서 창살에 얼굴이 눌린 채 만감이 교차하는 부자연스러운 미소를 짓고 있었다.

얼마 안 있어 마리에게서 편지를 받았다. 그리고 바로 그 순간부터 내가 말하고 싶지 않은 일들이 닥쳐오기 시작했다. 어찌 됐든 무엇이든 과장해서는 안 되는 법인데 내게는 그것이야말로 무엇보다 쉬운 일이었다. 하지만 수감된 초반에 다소 힘들었던 점은 내가 자유로운 사람인 양 생각할 때였다. 가령 해변에 있거나 바다로 향하고 싶은 욕망이 나를 사로잡는 것이다. 발바닥 아래로 처음 닿는 파도의 소리와 물속에 들어갔을 때의 느낌 그리고 그 안에서 느끼는 해방감을 상상할 때면 감옥의 벽들이 나를 옥죄고 있음을 어느새 실감하고 있었다. 이런 상태는 몇 달간 지속됐다. 그 후에는 수감자로서만 생각했다. 나는 운동장으로 나가는 산책 시간과 내 변호사의 방문을 기다렸다. 남은 시간도 요령 있게 보냈다. 그때 나는 종종 누군가로 말미암아 마른 나무의 몸통 안에서 살게 되어, 하는 일이라고는 머리 위로 하늘에 피는 꽃을 보는 것뿐이라 해도 이 또한 점점 익숙해지리라 생각했다. 그러면 나는 새가 지나가거나 구름들이 만나기를 기다릴 것이다. 마치 이곳에서 내 변호사의 이상한 넥타이를 볼 수 있기를 기다리고, 바깥세상에서는 마리의 몸을 껴안기 위해 토요일까지 기다렸듯이. 하지만 가만히 생각해보면 나는 마른 나무통 속에 있는 것이 아니다. 나보다 더 불행한 이들도 있다. 엄마의 지론이 생각났다. 엄마는 사람이란 모름지기 모든 것에 결국 익숙해지게 마련이라고 누누이 말했다.

그런데 나는 대체로 거기서 더 나아지지 못했다. 처음 몇 달은 힘들었다. 노력할 수밖에 없었고 이 점이 그 시간을 견디는 데 도움 됐다. 가령 여자 생각이 나서 죽을 맛이었다. 지극히 자연스러운 일이었다. 나는 젊었으니까. 딱히 마리만 생각한 것은 결코 아니다. 어떤 여자, 여자들, 내가 아는 모든 여자 그리고 내가 그들을 한때 사랑했던 상황들을 어찌나 떠올렸던지 내 독방은 모든 얼굴로 가득 찼고 내 욕망으로 넘쳐났다. 어떤 의미에서 이런 생각들 때문에 나는 평정을 잃었지만 다른 한편으로는 시간을 때울 수 있었다. 그러던 중에 나는 식사 시간에 주방에서 일하는 사내아이와 동행하는 간수장의 호감을 사기에 이르렀다. 그가 먼저 내게 여자 이야기를 꺼냈다. 그는 수감자들이 가장 불평하는 것이 그 점이라고 말했다. 나 역시 그들처럼 이런 대우가 공정하지 않다고 말했다. 그러자 그는 "그 점이 바로 당신을 감옥에 가둔 이유요"라고 말했다.

"그 이유라뇨?"

"바로 자유요. 당신에게서 자유를 빼앗은 거요."

나는 그런 생각을 한 번도 해본 적이 없었지만 그의 생각에 동의했다.

"그렇네요, 그래야 진정한 처벌이겠죠?"

"그렇소, 당신은 제대로 알아듣는구먼. 다른 사람들은 도무지 이해를 못 하더군. 결국 스스로 욕구를 해결하죠."

그런 후 간수장은 자리를 떴다.

담배도 문제였다. 교도소에 들어오면서 허리띠, 신발 끈, 넥타이, 주머니에 들어 있던 소지품 일체와 담배를 모조리 압수당했다. 독방에 들어온 후 내 물건들을 돌려달라고 했다. 하지만 그건 금지되어 있었다. 처음 며칠은 매우 고통스러웠다. 아마도 그 때문에 가장 좌절했을 것이다. 나는 내 침대의 나무판자에서 뜯어낸 나뭇조각을 빨았다. 온종일 속이 메슥거려 헛구역질을 해댔다. 다른 사람들에게 해를 끼치는 것도 아닌데 왜 가져간 것인지 영문을 몰랐다. 나중에야 이 또한 형벌의 일부임을 깨달았다. 그 무렵 담배를 피우지 않는 것에 익숙해졌고 금연은 더 이상 내게 형벌이 아니었다.

이런 문제들을 제외하면 내가 그리 불행한 것은 아니었다. 거듭 말하지만 문제는 시간을 때우는 것이었다. 나는 연상하는 법을 알게 된 순간부터 전혀 지루하지 않았다. 때로는 내 방을 떠올렸다. 상상 속에서 내 방의 한쪽 구석에서 시작해 다시 그곳으로 돌아오는 사이에 배치된 모든 것을 머릿속에서 나열했다. 처음에는 빨리 끝나버렸다. 하지만 다시 시작할 때마다 조금씩 더 오래 걸렸다. 가구 하나하나를 떠올리면 거기에 있던 모든 물건이 생각났고 그 물건들 하나하나를 또 생각하면 세공이나 균열, 가장자리에 이가 빠진 것, 색깔 그리고 티끌 같은 자잘한 흔적들을 기억해냈기 때문이다. 동시에 나는 내 재산 목록을 빠짐없이 떠올리면서 완벽하게 이어서 나열하려고 애썼다. 그렇게 몇 주를 보낸 후에는 내 방에 있는 것을 나열하기만 해도 몇 시간이 금세 지나갔다. 그래서 생각하면 할수록 몰랐던 것이나 잊힌 것들을 내 기억에서 더 많이 꺼낼 수 있었다. 나는 그제야 밖에서 단 하루만 살았던 사람이라도 감옥에서 100년을 족히 보낼 수 있다는 사실을 이해했다. 지루하지 않을 만큼의 추억을 가지고 있을 테니 말이다. 어찌 보면 이것은 장점이었다.

또 다른 문제는 잠이었다. 초반에는 밤이고 낮이고 제대로 자지 못했다. 그런데 점점 밤에 잘 잤을 뿐만 아니라 낮에도 잘 자게 됐다. 최근 몇 달 동안 하루 수면시간은 16시간에서 18시간이었다. 나머지 6시간은 밥을 먹고 생리 현상을 해결하고 지난 일을 떠올리고 체코슬로바키아 이야기를 읽으며 보냈다.

나는 침대 나무판자와 깔개 사이에서 오래된 신문 자투리를 발견했다. 종이가 천에 달라붙어서 바래고 투명해져 있었다. 단신 기사였는데 앞부분이 사라졌지만 체코슬로바키아에서 일어난 일이라는 것은 알 수 있었다. 한 남자가 성공하기 위해 체코의 한 마을을 떠났다. 25년이 흐른 뒤 부자가 된 남자는 아내와 아이 한 명을 데리고 돌아왔다. 그의 어머니는 여동생과 고향 마을에서 여관을 운영하고 있었다. 이들을 놀래주려고 아내와 아이는 다른 여관에 두고 혼자서 어머니에게 갔다. 그가 문에 들어섰을 때 어머니는 아들을 알아보지 못했다. 그는 장난을 치려고 방을 잡아야겠다고 생각했다. 수중에 돈이 있다는 것을 보여주고 하룻밤을 묵었다. 그날 밤 어머니와 여동생은 망치로 그를 때려죽인 뒤 돈을 훔치고 시체는 강물에 던져버렸다. 아침이 되어 남자의 아내가 그런 줄도 모르고 하룻밤을 묵었던 사람이 누구인지 밝혔다. 이야기를 들은 남자의 어머니는 스스로 목을 맸고 여동생은 우물에 몸을 던졌다. 나는 그 기사를 수천 번은 족히 읽었을 것이다. 한편으로는 진짜 같지 않지만 또 한편으로는 실제로 일어났을 법했다. 어찌 됐든 여행자가 그럴 만한 짓을 했고 그런 식으로 장난쳐서는 안 된다는 걸 알게 됐다.

수면 시간, 추억, 단신 기사 읽기 그리고 밤과 낮이 교대하는 사이에 시간은 흘렀다. 나는 어디선가 감옥에 있다 보면 결국 시간 개념이 사라지게 된다는 글을 읽은 적이 있었지만 내게는 그리 의미 있는 말은 아니었다. 나는 하루가 얼마나 길고 동시에 짧은지 알지 못했었다. 하루하루는 분명 길었지만 너무 길어져서 결국 경계를 서로 벗어났다. 그러면서 시간은 이름을 잃었다. 내게는 어제와 내일이라는 단어만이 의미 있었다.

어느 날 교도관이 내가 교도소에 들어온 지 다섯 달이 지났다고 말했을 때 그 말을 믿기는 했지만 이해할 수는 없었다. 나로서는 내 독방 안으로 똑같은 나날들이 밀물처럼 밀려 들어오고 똑같은 일이 반복되는 것처럼 느껴졌기 때문이다. 그날 교도관이 다녀간 이후 나는 양철 반합에 내 모습을 비춰봤다. 웃어보려고 해도 반합에 비친 내 모습은 변함없이 심각했다. 앞에 있는 그 얼굴을 흔들었다. 나는 웃었지만 그 얼굴은 여전히 심각하고 슬퍼 보였다. 날은 저물고 내가 말하고 싶지 않은 시간이 왔다. 이름 없는 시간, 밤이 내는 소리가 침묵의 행렬을 뚫고 감옥의 모든 층에서 올라오는 시간. 나는 천창으로 다가가 마지막 햇볕 속에서 내 모습을 한 번 더 응시했다. 여전히 심각한 얼굴이었지만 그렇다고 해서 이 순간 그게 놀랄 일이겠는가? 동시에, 몇 달 만에 처음으로 내 목소리가 또렷하게 들렸다. 그것이

며칠 전부터 귓가에 울리던 그 목소리라는 걸 알아채자 그제야 나는 줄곧 혼잣말하고 있었다는 사실을 깨달았다. 그 순간 엄마의 장례식 날 간호사가 했던 말이 떠올랐다. 그렇다, 달리 방법이 없다. 감옥에서 보내는 밤이 어떠한지 아무도 상상하지 못하리라.

3

여름이 매우 빠르게 또 다른 여름으로 대체되고 있었다. 초여름이 시작될 때쯤 내게 새로운 일이 일어날 것임을 알고 있었다. 내 사건은 중죄재판소에서 마지막에 회기에 등록되어 있었고 회기는 6월에 끝날 예정이었다. 심리가 열리는 동안 밖에서는 뙤약볕이 내리쬐었다. 변호사는 길어야 이삼일 정도 걸릴 것이라고 단언했다.

"이 사건이 이번 공판에서 그리 중요하지 않기 때문에 재판은 빠르게 진행될 거예요. 바로 다음이 존속 살해 사건이거든요."

아침 7시 30분에 사람들이 와서 나를 호송차에 태워 재판소로 향했다. 두 경관이 나를 어둡고 작은 방으로 데려갔다. 우리가 문 뒤에 앉아서 대기하고 있는 동안 여러 사람의 목소리, 부르는 소리, 의자 끄는 소리가 들렸다. 마치 북새통 같아서 연주

회가 끝난 후 춤을 추기 위해 자리를 정리하던 동네 축제가 떠올랐다. 경관들은 개정될 때까지 기다려야 한다며 한 명이 내게 담배를 권했지만 나는 거절했다. 잠시 후 그가 내게 "긴장되느냐"라고 물었다. 나는 아니라고 대답했다. 어떤 의미에서 재판 과정을 지켜보게 된 것이 흥미롭기도 했다. 살면서 한 번도 이런 경험을 한 적이 없었다. "그렇군요. 하지만 끝날 땐 고단할 거요"라고 다른 경관이 말했다.

잠시 후 법정 안에서 벨 소리가 작게 울렸다. 경관들이 수갑을 풀어줬다. 문을 열고 나를 피고석에 앉혔다. 법정은 사람들로 가득했다. 햇볕이 차양을 뚫고 군데군데 안으로 들이쳤고 공기는 이미 숨이 막힐 것처럼 후끈했다. 그런데도 창문은 닫혀 있었다. 내가 자리에 앉자 경관이 나를 에워쌌다. 그제야 내 앞으로 가지런하게 정렬된 얼굴들이 눈에 들어왔다. 모두가 나를 쳐다보고 있었다. 배심원들이었다. 누가 누군지 분간할 수 없었다. 딱 한 장면이 연상됐다. 말하자면 내가 전차에 올라타 자리에 앉아 있으면 서로 안면 없는 승객들이 저마다 새로운 승객에게 재밋거리가 없는지 찾아내려고 힐끔거리는 장면이었다. 물론 바보 같은 생각이라는 것을 잘 알고 있다. 이곳에서 배심원들이 찾아내려는 것은 재밋거리가 아니라 바로 범죄이기 때문이다. 이러나저러나 큰 차이는 없다. 여하튼 나는 그런 생각이 들었다.

나는 막혀 있는 법정 안에 모인 이 사람들 때문에 얼떨떨했다. 계속 법정 안을 둘러봤지만 어떤 얼굴도 알아볼 수 없었다. 지금 떠올려보니 처음에는 그 많은 사람이 나를 보러 몰려온 것이 아니라고 생각했었다. 평소에 사람들이 나에게 그렇게 관심을 가진 적이 없었기 때문이다. 그래서 내가 이 모든 소동의 원인이라는 사실을 어렵사리 깨닫게 됐다. 나는 경관에게 "사람들이 정말 많이 왔네요"라고 말했다. 경관은 신문사 때문이라며 배심원석 아래, 테이블 옆에 앉아 있는 한 무리를 가리켰다.

"저기."

"누구요?"라고 내가 묻자 그는 "신문사들"이라고 똑같이 대답했다. 그때 경관은 한 기자를 알고 있었는데 그가 우리를 보고 다가왔다. 그 남자는 얼굴을 찌푸리고 있었지만 나이가 지긋했고 호감이 가는 사람이었다. 그는 경관과 퍽 친근하게 악수했다. 그때 같은 부류의 사람들끼리 모인 행복한 클럽처럼 법정에 모인 사람들이 서로 인사하고 묻고 답하며 대화하고 있는 모습이 눈에 띄었다. 마치 불청객이라도 된 양 내가 이들을 방해하고 있다는 이상한 인상을 받았는데 비로소 그 이유를 납득할 수 있었다. 그런데 기자가 웃으며 내게 말을 건넸다. 그는 내게 일이 잘 풀리기를 바란다고 말했다. 내가 감사하다고 인사하자 그는 "아시다시피 우리는 당신 사건에 대한 관심을 높여놨어요. 여름에는 기삿거리가 바닥이거든요. 그나마 기삿거리가 되는 게 당신 사건과 존속 살해뿐이에요"라고 덧붙였다. 그러고는 그가 막 빠져나온 무리 속에서 키가 작은 한 남자를 가리켰다. 그 남자는 큼지막한 검은 테 안경을 끼고 있었는데 살진 족제비처럼 생겼다. 그는 파리 신문의 특파원이라고 말해줬다.

"하기야 당신 때문에 온 건 아니에요. 존속 살해 재판을 보려고 왔던 차에 당신 사건도 같이 타전하라고 했다는군요."

그때 나는 하마터면 고맙다고 말할 뻔했다. 그런 말은 터무니없다고 생각했다. 내게 다정하게 손을 흔들고 자리로 돌아갔다. 그리고 우리는 몇 분 더 기다렸다.

법복을 입은 내 변호사가 여러 동료에 둘러싸여 도착했다. 그는 기자들에게 다가가 악수를 건넸다. 서로 농담하고 웃는 그들은 여유로워 보였는데 법정에 벨 소리가 다시 울린 후에야 인사가 끝났다. 모두 제자리에 다시 앉았다. 변호사가 내게로 다가와 악수하면서 질문에는 간단하게 답변하고 괜히 나서지 말라고 조언하면서 나머지는 자신에게 맡기라고 했다.

내 왼쪽에서 의자를 뒤로 당기는 소리가 들렸다. 키가 크고 마른 한 남자가 보였다. 그는 코안경을 쓰고 있었고 붉은색 법복을 조심스럽게 접으며 자리에 앉았다. 검사였다. 진행관이 판사가 출정한다고 알렸다. 그와 동시에 두 대의 거대한 선풍기가 윙윙 소리를 내며 돌아가기 시작했다. 세 재판관이 서류를 들고 들어와 빠른 걸음으로 법정이 내려다보이는 단상으로 향했다. 그

중 두 명은 검은색을, 한 명은 붉은색 법복을 입고 있었다. 붉은색 법복을 입은 남자가 가운데에 있는 소파에 앉아서 자기 앞에 법모를 올려뒀다. 자그마한 민머리를 손수건으로 닦은 후 개정을 선언했다.

기자들은 이미 손에 볼펜을 쥐고 있었다. 모두 무심하거나 약간은 비웃는 듯했다. 그들 중 꽤 젊은 기자 한 명이 눈에 띄었다. 회색 플란넬 정장을 입고 파란 넥타이를 매고 있었는데 볼펜은 자기 앞에 두고 나를 쳐다보고 있었다. 그의 다소 비대칭적인 얼굴에서 어떤 것도 표현하지 않고 나를 주의 깊게 관찰하는 맑은 두 눈만을 보았다. 두 눈을 보고 있자니 마치 나 자신을 응시하는 듯한 이상한 기분이 들었다. 그런 이유와 그곳의 관례를 몰랐기 때문에 이후 일어난 모든 일, 이를테면 배심원들의 제비뽑기, 재판장이 변호사, 검사 그리고 배심원단에게 했던 질문(그럴 때마다 모든 배심원의 고개가 일제히 재판장에게 향했다), 내가 아는 장소와 인물들이 등장하는 기소장의 빠른 낭독 그리고 내 변호사에게 쏟아진 새로운 질문들을 제대로 이해할 수 없었다.

재판장이 증인들을 소환하겠다고 했다. 진행관이 증인들을 호명했는데 그 이름들이 내 관심을 끌었다. 그때까지만 해도 형태 없던 방청객들 가운데서 한 명씩 일어섰다가 옆문으로 사라지는 것이 보였다. 양로원 원장과 관리인, 토마 페레 영감, 레몽, 마송, 살라마노 영감 그리고 마리였다. 마리는 조금 걱정스럽다는 신호를 내게 보냈다. 그들을 단번에 알아보지 못했다는 사실에 놀라워하는 와중에 마지막으로 셀레스트가 호명됐다. 그 옆으로 일전에 식당에서 봤던, 키가 작은 여자를 발견했다. 재킷을 입고 있었고 분명하고 단호한 표정으로 나를 뚫어지게 쳐다봤다. 하지만 재판장이 발언을 시작하는 통에 그 여자에게 더 이상 신경 쓸 겨를이 없었다. 재판장은 본격적으로 심리가 시작될 것이고 방청객에게 새삼스레 정숙해달라고 요청할 필요는 없으리라 생각한다고 말했다. 그러면서도 이 자리에서 객관적으로 판단하고자 하는 사건의 심리를 공정하게 진행하고자 한다고 했다. 그의 말인즉, 배심원단은 정의의 정신에 의거하여 평결을 내릴 것이고 작은 소동이라도 발생할 시에는 어떤 경우에든 법정을 떠나게 될 것이었다.

공기는 더욱 뜨거워졌고 방청객들이 신문을 들고 부채질하는 것이 보였다. 그래서 종이가 구겨지는 작은 소음이 계속 들렸다. 재판장이 신호를 보내자 진행관이 밀짚 부채 세 개를 가져왔고 판사들은 곧장 부채질하기 시작했다.

내 신문이 바로 이어졌다. 재판장이 내게 차분하게 질문하는 통에 친절한 느낌마저 받았다. 또다시 내 신원을 밝혀야 했는데 귀찮기는 했지만 한 인간이 다른 인간을 판결하는 중차대한 일인 만큼 지극히 당연한 절차라고 생각했다. 그런 후 재판장은 내가 했던 일련의 행위를 읊기 시작했고 세 문장이 끝날 때마다 내게 물었다.

"맞습니까?"

그럴 때마다 나는 변호사의 충고에 따라 "네, 재판장님" 하고 대답했다. 이 절차는 시간이 오래 걸렸다. 재판장이 말한 내용이 매우 상세했기 때문이다. 그러는 동안 기자들은 계속 받아 적었다. 나는 기계처럼 적고 있는 그들 가운데서 가장 젊은 기자와 자동인형 같은 키가 작은 여자의 시선을 느꼈다. 배심원들이 앉아 있는 전차의 모든 의자가 재판장을 향해 있었다. 재판장은 기침하거나 서류를 넘겼고 부채질하면서 나를 쳐다보기도 했다.

재판장은 내게 이제부터 언뜻 보면 이 사건과 관련 없는 듯하지만 깊은 관련이 있을지 모를 질문들을 다루겠다고 했다. 또다시 엄마에 관한 이야기일 것이라는 생각이 들자 얼마나 진절머리가 나는지 새삼 느꼈다. 재판장이 엄마를 왜 양로원에 모셨는지 물었다. 나는 엄마를 간호하고 부양할 돈이 없어서라고 대답했다. 그러자 재판장은 그것이 내게 부담이 됐는지 물었는데 엄마도 나도 서로뿐만 아니라 다른 사람에게도 더 이상 아무것도 기대하지 않고 우리는 각자의 새로운 삶에 익숙해져 있었다고 답변했다. 그러자 재판장은 그 점에 대해서는 더 이상 질문하지 않겠다며 검사에게 내게 다른 질문이 있는지 물었다.

검사는 내게 등을 반쯤 돌렸고 나를 보지 않은 채 재판장에게 허락을 구하며 아랍인을 죽이려고 혼자서 샘에 다시 간 것인지 알고 싶다고 했다. "아닙니다"라고 나는 답변했다.

"그렇다면 그는 왜 무기를 가지고 있었으며 왜 정확히 그 장소에 다시 갔을까요?"

나는 그저 우연이라고 말했다. 그러자 검사는 곱지 않은 말투로 말했다.

"일단, 여기까집니다."

그 이후 모든 것이 적어도 나에게는 조금 혼란스러웠다. 밀담이 몇 번 오간 후 재판장은 증인 신문을 오후에 진행하겠다며 휴정을 선언했다.

나는 생각할 겨를이 없었다. 사람들이 나를 데려가 호송차에 태우고 감옥으로 향했다. 그곳에서 나는 식사를 했다. 피곤하다는 사실을 겨우 깨달을 만큼의 시간이 지난 후, 이내 나를 데리러 왔다. 모든 것이 다시 시작되었고 나는 같은 법정, 같은 얼굴 앞에 있었다. 다만 더위가 더욱 심해져 놀랍게도 배심원들, 검사, 변호사 그리고 일부 기자가 저마다 밀짚 부채를 하나씩 들고 있었다. 젊은 기자와 자그마한 여자도 여전히 그 자리에 있었다. 하지만 이들은 부채질은 하지 않았고 아무 말 없이 여전히 나를 쳐다보고 있었다.

나는 얼굴에 흘러내리는 땀을 닦았다. 양로원 원장이 호명되는 것을 들었을 때야 여기가 어디이고 내가 누구인지 정신이 들었다. 엄마가 나를 원망한 적이 있는지 원장에게 묻자 그는 그렇다고 대답하면서 하지만 측근을 원망하는 것은 재원자들에게 흔히 나타나는 편집증이라고 답했다. 그러자 재판장은 자기를 양로원에 뒀다고 엄마가 나를 원망했는지 정확히 답변하도록 했고 그는 마찬가지로 그렇다고 했다. 이번에는 다른 말을 덧붙이지 않았다. 또 다른 질문에는 내가 장례식 날 덤덤하게 반응해서 놀랐다고 대답했다. 그러자 그에게 덤덤했다는 것이 무슨 의미인지 물었다. 그러자 원장은 신발 끝을 쳐다보면서 내가 엄마를 보고 싶어 하지 않았고 단 한 번도 눈물을 흘리지 않았으며 묵념도 없이 장례가 끝나자마자 떠났다고 말했다. 또 한 가지 놀란 점이 있었는데 장례식 인부들 중 하나가 내가 엄마의 나이를 모른다고 했단다. 그 순간 침묵이 감돌았고 재판장은 그가 말한 사람이 내가 맞는지 원장에게 물었다. 원장이 질문을 이해하지 못하자 재판장이 "법적 절차상 묻는 겁니다"라고 말했다. 그런 후 재판장이 차장 검사에게 증인에게 질문이 있는지 물었고 이에 검사는 나를 보면서 광명이라도 찾은 듯 의기양양하게 "없습니다, 충분합니다"라고 외쳤다. 몇 년 만에 처음으로 나는 울고 싶다는 바보 같은 생각이 들었다. 이 사람들이 이렇게까지 나를 미워하는구나 싶어서였다.

재판장이 배심원과 변호사에게 질문할 것이 있는지 물은 후 관리인을 호명했다. 다른 사람들처럼 관리인도 똑같이 증인선서를 했다. 관리인은 증인석에 앉으며 나를 쳐다봤다가 이내 눈을 돌렸다. 그는 질문들에 답변했다. 내가 엄마를 보고 싶어 하지 않았고 담배를 피웠으며 잠을 자고 밀크커피를 마셨다고 말했다. 나는 무언가가 법정을 술렁이게 만들고 있다고 느꼈고 처음으로 내가 죄인이라는 사실을 깨달았다. 관리인에게 밀크커피와 담배에 관한 이야기를 되물었다. 차장 검사가 나를 쳐다봤는데 눈빛 속에는 냉소가 담겨 있었다. 그때 내 변호사가 관리인에게 나와 같이 담배를 피우지 않았느냐고 물었다. 그러자 검사가 벌떡 자리에서 일어났다.

"여기서 범인이 도대체 누굽니까! 아주 결정적인 증언을 축소하려고 증인의 평판을 깎아내리려는 것 아닙니까!"

그런데도 재판장은 질문에 답변하라고 했다. 영감은 어리둥절해하며 말했다.

"내가 잘못했다는 건 잘 알고 있습니다. 하지만 저분이 권하는 담배를 거절할 수 없었어요."

마지막으로 내게 더 하고 싶은 말이 있는지 물었다.

"없습니다. 그런데 증인의 말은 맞습니다. 제가 담배를 권한 것은 사실입니다."

그때 관리인은 조금 놀란 기색으로 고맙다는 듯이 나를 쳐다봤다. 그는 잠시 망설이다가 밀크커피를 먼저 권한 것은 자신이라고 말했다. 그러자 변호사가 의기양양해져서는 배심원들이 방금 한 진술을 감안할 거라고 분연히 외쳤다. 그러나 검사는 고개를 들고 윽박질렀다.

"네, 배심원들은 고려할 겁니다. 그리고 모르는 사람이야 커피를 권할 수 있지만 자신을 낳아준 사람의 시신 앞에서는 거절해야 한다고 결론을 내릴 겁니다."

그리고 관리인은 자리로 돌아갔다.

토마 페레 영감 차례가 되자 진행관이 증인석 난간까지 그를 부축해야 했다. 페레 씨는 엄마에 대해 잘 알고 있으며 나를 장례식 날 처음 봤다고 말했다. 그에게 내가 그날 무엇을 했는지 묻자 그가 대답했다.

"이해하시겠지만, 저도 고된 날이었습니다. 그래서 아무것도 보지 못했습니다. 너무 슬퍼서 눈에 들어오는 게 없었어요. 나한테는 너무 큰 고통이었으니까요. 심지어 기절도 했죠. 그래서 저분이 뭘 하는지 보지 못했습니다."

차장 검사는 최소한 내가 우는 모습을 봤는지 물었다. 페레 씨는 아니라고 대답했다. 이번에는 검사가 "그 점은 배심원단이 고려할 겁니다" 하고 말했다. 하지만 변호사는 화를 냈다. 그는 내가 보기에는 약간 과장된 어조로 페레 씨에게 "울지 않는 모습은 봤는지" 질문했다. 페레 씨는 "아뇨"라고 답했다. 대답을 들은 방청객들이 웃었다. 변호사는 소매를 걷어 올리면서 단호하게 말했다.

"이것이 이번 재판의 참모습입니다. 모든 것이 진실이고 동시에 모든 것이 진실이 아닌 거죠!"

검사는 굳은 표정으로 볼펜으로 서류철을 콕콕 찍었다.

5분간 휴정하는 사이에 변호사가 모든 것이 내게 순조롭게 진행되고 있다고 말했다. 휴정 후, 피고 측 증인으로 셀레스트의 신문이 시작됐다. 그 피고는 나였다. 그는 증언하면서 가끔 내 쪽을 쳐다봤고 손으로 파나마모자를 말고 있었다. 가끔 일요일에 나와 경마를 보러 갈 때 입는 새 양복을 입고 있었다. 구리단추로만 셔츠를 채운 것을 보니 깃을 달 수 없었던 모양이다. 그에게 내가 손님인지 묻자 "네, 친구이기도 하고요"라고 대답했다. 나를 어떻게 생각하느냐는 질문에, 내가 남자답다고 대답했다. 남자답다는 말이 무슨 의미인지 묻자, 모든 사람이 알고 있을 것이라고 말했다. 내가 내성적인 성격이라는 것을 알고 있느냐는 질문에는 쓸데없는 말을 하지 않으려고 말수가 적은 것뿐이라고 했다. 차장 검사는 내가 식대를 제때 내는지 물었다. 그러자 셀레스트는 웃으면서 "그건 저희 사이의 개인적인 일입니다"라고 딱 잘라 말했다. 내가 저지른 범죄에 대해서 어떻게 생각하는지 그에게 질문했다. 그때 셀레스트는 증언대에 손을 얹어두었는데 뭔가 준비해 온 듯 보였다.

"저는 불행이라고 생각합니다. 불행이 뭔지는 모두가 알 겁니다. 불행 앞에서 우리는 속수무책이죠. 그래서 저는 불행이라고 생각합니다."

그가 이어서 말하려고 했지만 재판장이 그에게 그만하면 됐다며 고맙다고 했다. 셀레스트는 조금 당황했지만 더 하고 싶은 말이 있다고 언성을 높였다. 그러자 재판장은 간략하게 말해달라고 요청했다. 셀레스트는 다시 한번 그건 불행이라고 말했다. 이번에는 재판장이 그에게 "네, 그 말씀은 이미 하셨고요. 그 불행을 판단하려고 우리가 여기 있는 겁니다. 증언 감사합니다"라고 말했다. 더는 재간이 없고 선의가 한계에 부딪혔다는 듯이 셀레스트는 내 쪽으로 몸을 돌렸다. 그의 눈이 반짝이고 입술은 떨리는 것 같았다. 무엇을 더 할 수 있는지 내게 물어보는 듯했다. 나로서는 할 말이 없었고 어떤 내색도 하지 않았다. 하지만 내 인생에서 처음으로 남자를 안아주고 싶은 순간이었다. 재판장은 그에게 자리로 돌아가라고 재차 명령했다. 그런 후 셀레스트는 재판 시간 내내 무릎 위에 팔꿈치를 대고 몸을 앞으로 기울인 채 손에는 파나마모자를 들고 모든 발언에 귀를 기울였다. 마리가 들어왔다. 모자를 쓰고 있었고 여전히 아름다웠다. 하지만 나는 머리를 푼 마리의 모습이 더 좋았다. 나는 앉은 자리에서 마리의 가벼웠던 가슴의 무게를 가늠해봤고 약간 도톰했던 아랫입술을 알아볼 수 있었다. 마리는 상당히 긴장한 듯 보였다. 곧장 신문이 시작됐다. 나를 언제부터 알고 지냈는지 물었다. 마리는 우리 회사에서 같이 일한 시기를 설명했다. 재판장이 나와 어떤 관계인지 묻자, 그녀는 연인 사이라고 답변했다.

다른 질문에는 나와 결혼할 예정임이 사실이라고 대답했다. 서류를 넘기던 검사는 갑자기 우리 관계가 언제부터 시작됐는지 물었다. 마리는 그 날짜를 말했다. 검사는 엄마가 죽은 다음 날인 것 같다며 냉담하게 말했다. 그런 다음 민감한 상황을 강조하고 싶지 않고 마리의 양심의 가책을 잘 이해하지만 (여기서부터 억양이 강해졌다) 검사로서 의무를 다하느라 예의를 지키지 못하기도 한다며 빈정거렸다. 그런 이유를 대며 마리에게 나를 만난 그날을 간략하게 설명해달라고 요청했다. 마리는 말하고 싶어 하지 않았지만 검사의 강요에 못 이겨 해수욕을 갔다 와서 영화를 보러 갔다가 내 집으로 돌아왔다고 말했다. 차장 검사는 마리의 예심에서 이 진술을 듣고 그날 어떤 영화가 상영 중이었는지 알아봤다고 했다. 그러면서 마리에게 당시 어떤 영화가 상영 중이었는지 직접 말해달라고 했다. 마리는 기어들어 가는 목소리로 페르낭델이 나오는 영화였다고 말했다. 그러자 법정에 정적이 감돌았다. 검사는 아주 엄숙하게 일어나더니 짐짓 진지한 목소리로 나를 손가락으로 가리키며 또박또박 천천히 말했다.

"배심원 여러분, 어머니가 돌아가신 다음 날, 바로 저 남자는 해수욕을 갔고 불순한 관계를 맺었으며 코미디 영화를 보면서 킥킥댔습니다. 저로서는 여러분께 더 이상 드릴 말씀이 없습니다."

그는 자리에 앉았고 좌중은 여전히 침묵했다. 그런데 갑자기 마리가 울음을 터트리며 그런 것이 아니고 또 다른 게 있다고 했다. 자기가 생각했던 것과 반대로 말하게 만들었다며 나에 대해 잘 아는데 나는 아무런 잘못도 하지 않았다고 말했다. 하지만 진행관은 재판장의 지시에 따라 그녀를 데리고 갔고 공판은 계속됐다.

다음은 마송이었다. 마송은 내가 솔직한 사람이고 "게다가 착한 사람"이라고 말했지만 귀를 기울이는 이는 없었다. 다음은 살라마노 영감이었다. 그는 내가 자기의 개를 살갑게 대했고 나의 어머니와 나에 대한 질문에는, 내가 엄마와 더 이상 나눌 이야기가 없다고 했고 그래서 엄마를 양로원에 맡긴 것이라고 대답했지만 이 또한 다들 듣는 둥 마는 둥 했다. 그는 "이해할 수밖에 없지요, 이해해야 해요"라고 말했다. 하지만 누구도 이해하지 못했다. 진행관이 그를 데려갔다.

마지막 증인으로 레몽 차례였다. 레몽은 내게 살짝 신호를 보냈고 다짜고짜 내가 결백하다고 했다. 재판장은 의견이 아니라 사실을 말해달라고 요청하며 질문을 듣고 그것에 맞게 답변하라고 했다. 그리고 피해자와 정확하게 어떤 관계인지 물었다. 레몽은 발언 기회를 얻자 자기가 희생자의 여동생을 때렸고 그 후로 희생자의 미움을 산 사람은 바로 자기라고 했다. 재판장은 그러면 왜 희생자가 나를 미워한 것이냐고 물었다. 레몽은 내가 해변에 있었던 것은 그저 우연의 결과라고 했다. 그러자 검사가 이 사건의 발단인 편지를 어째서 내가 쓰게 된 것인지 물었다. 그 것 또한 우연히 그렇게 됐다고 답변했다. 이에 검사는 이 사건 에서는 어떻게 그리 많은 우연이 겹쳐서 이미 양심에 많은 해 를 끼치게 된 것이냐며 반박했다. 레몽이 자기의 정부를 때렸을 때 내가 개입하지 않은 것도 우연이고 경찰서에서 증인이 된 것 도 우연이며 순전히 레몽에게 유리하게 증언한 것도 우연인지 물었다. 끝으로 생업이 무엇인지 묻자 레몽은 '창고 관리자'라고 대답했다. 검사는 배심원들에게 증인은 평소 포주로 악명이 높 았다고 소리쳤다. 나는 그의 공범이자 친구였다. 이 사건은 가장 하질의 치정 사건이며 부도덕한 괴물이 끼어들면서 더욱 악화되 었다는 것이다. 레몽이 변명하려고 했고 변호사도 이의를 제기 했지만 재판장은 검사에게 마무리하라고 했다. 검사는 "저는 덧 붙일 말이 없습니다. 그가 당신의 친구였습니까?"라고 묻자 레 몽이 대답했다.

"그렇습니다, 제 친구였습니다."

검사는 내게 똑같이 질문했고 나는 레몽을 쳐다봤고 레몽도 눈을 돌리지 않았다. 나는 "그렇습니다"라고 대답했다. 그러자 검사는 배심원 쪽을 향해 목소리를 높였다.

"자신의 어머니가 돌아가신 다음 날 수치스러울 정도로 방탕 하게 즐겼던 바로 저 남자가 사소한 이유로 차마 입에 담을 수 없는 치정 사건을 무마하기 위해 사람을 죽인 것입니다."

그는 자리에 앉았다. 하지만 내 변호사는 인내심이 바닥나서 두 팔을 쳐들고 소리쳤다. 그런 통에 소매가 흘러내리면서 빳빳한 셔츠에 진 주름이 보였다.

"도대체 피고가 어머니를 매장해서 기소된 겁니까, 아니면 사람을 죽여서 기소된 겁니까?"

방청객들이 웃음을 터뜨렸다. 하지만 검사는 다시 일어나 법복을 정돈하며 존경하는 변호인만큼 순진하지 않고서야 이 두 가지 사실에서 깊고 비장하며 본질적인 연관성이 있다고 느끼지 않을 수 없을 것이라고 목소리를 높였다. "그렇습니다. 저는 범죄자의 마음을 품고 어머니를 매장했기 때문에 저 사람이 유죄라고 주장하는 바입니다"라고 힘 있게 말했다. 이 발언으로 좌중은 크게 영향을 받은 것 같았다. 변호사는 어깨를 으쓱거리고 이마에 흐르는 땀을 닦았다. 그 역시 흔들리는 것 같았고 나는 재판이 내게 불리한 쪽으로 진행되고 있다는 걸 깨달았다.

증인 신문이 끝났다. 재판소에서 나와 호송차에 오르면서 앞마당에서 순간적으로 여름밤의 공기와 색깔을 느꼈다. 움직이는 호송차의 어둠 속에서 내가 사랑했던 도시와 만족을 느꼈던 어떤 시간에 들은, 모든 익숙한 소리가 마치 피로의 깊은 곳에서 들리는 것처럼 하나씩 떠올랐다. 이제는 느슨해진 공기 속에서 퍼지는 신문 판매상의 호객 소리, 광장에 마지막까지 모여 있는 새들, 샌드위치 상인의 외침, 도시의 굽은 길을 달리는 전차의 비명, 해가 저물기 전 항구 위로 기우는 하늘의 수군거림, 내가 수감되기 전에 익히 알고 있던 이 모든 것이 눈에 보이지 않는 여정으로 바뀌고 있었다. 그렇다, 아주 오래전 내가 좋아했던 시간이다. 그때 나를 기다렸던 것은 언제나 꿈꾸지 않는 선잠이었다. 하지만 내일을 기대하며 내가 돌아온 곳은 독방이었으니 무언가가 달라졌다. 여름 하늘에 깔린 익숙한 길들이 순결한 잠으로 이어질 수도 있고 감옥으로 이어질 수도 있는 것처럼.

4

　자신에 관한 이야기를 듣는 일은 심지어 피고인석에서 들을 지라도 흥미진진한 법이다. 검사가 논고하고 내 변호사가 변론하는 동안 나는 내 범죄보다 나에 관한 이야기를 더 많이 들었다. 게다가 변호사의 변론과 검사의 논고가 그토록 달랐던가? 변호사는 두 팔을 높이 들고 죄를 인정하면서 변명했지만 검사는 두 손을 뻗고 유죄를 규탄하면서 변명의 여지를 주지 않았다. 나는 막연하게나마 한 가지가 신경 쓰였다. 나름대로 조심하고 있었지만 이따금 끼어들고 싶었는데 그럴 때 변호사는 내게 말했다.

　"가만히 계세요. 그게 사건에 더 도움이 됩니다."

　어떻게 보면 이 사건에서 정작 내가 배제된 것 같았다. 모든 것이 나의 개입 없이 진행되었기 때문이다. 내 운명이 내 의사와는 상관없이 결정되고 있었다. 때때로 모든 사람의 말을 끊고 이렇게 말하고 싶은 충동이 일었다.

"그런데 지금 누가 피고인입니까? 피고인의 존재는 중요합니다. 나도 하고 싶은 말이 있습니다!"

그런데 곰곰이 생각해보니 딱히 할 말은 없었다. 게다가 사람들의 관심을 끄는 화젯거리는 오래가지 못한다는 것을 인정할 수밖에 없다. 가령 검사의 논고는 나를 금세 질리게 했다. 내 관심을 깨우고 자극한 것은 일부 변론, 손짓, 맥락과 상관없는 장광설뿐이었다.

내가 제대로 이해했다면 검사는 내가 이 범죄를 미리 계획했다고 마음속으로 믿고 있었다. 적어도 이 점을 증명하려고 애썼다. "여러분 저는 이 점을 증명할 것입니다. 그것도 두 배로요. 우선 사실에 근거한 눈부신 빛 아래서, 그런 후에는 범죄자의 심리를 이용하며 어두운 빛 아래서, 그렇게 두 번 증명할 것입니다"라고 말할 정도였다. 그는 엄마의 사망 시점부터 벌어진 일들을 약술했다. 내가 무덤덤했던 것, 엄마의 나이를 몰랐던 것, 다음 날 여자와 해수욕했던 것, 영화, 페르낭델 그리고 마지막으로 여자와 귀가했던 사실을 되짚었다. 그 시점부터 검사가 '그의 정부'라는 표현을 쓰는 바람에 나는 그의 말을 이해하는 데 시간이 걸렸다. 나에게는 마리에 해당하는 사람이었다. 그런 후 레몽의 이야기로 넘어갔다. 그가 말하는 내용들이 납득할 만했던 터라 사건의 경위를 보는 검사의 방식이 명확하다는 생각이 들었다. 우선 내가 레몽과 같이 편지를 쓴 목적은 그의 정부를 유인해 '도덕성이 의심되는' 남자에게 넘겨 혼쭐을 내주려는 것이었다. 나는 해변에서 레몽의 적수들을 도발했다. 레몽이 다쳤다. 나는 그에게 권총을 달라고 했다. 일을 처리하려고 혼자서 사건 장소로 다시 갔다. 나는 계획대로 아랍인을 공격했다. 나는 잠시 기다렸다. 그리고 '일을 깔끔하게 처리하기 위해' 침착하고 확실하게 어느 정도 숙고하면서 네 발을 쐈다는 것이다.

"여기까집니다, 여러분. 피고인이 정황을 충분히 인지하고 살인을 저지르게 된 경위를 되짚어봤습니다. 저는 바로 이 점에 역점을 두고 있습니다. 이 사건은 일반적인 살인, 이를테면 여러분이 상황에 따라 정상 참작할 수 있는 우발적인 범죄가 아니기 때문입니다. 여러분, 이 사람은 영리합니다. 피고인이 하는 말을 듣지 않으셨습니까? 그는 어떻게 답변해야 유리한지 알고 있습니다. 어떤 표현을 써야 하는지도 알고 있습니다. 그래서 자신이 무슨 일을 하고 있는지 깨닫지 못한 채 행동했다고 할 수 없습니다."

나는 귀를 기울였고 내가 영리하다는 말을 들었다. 하지만 평범한 사람의 장점이 죄에 대한 결정적인 증거가 될 수 있는지 이해하기 힘들었다. 어찌 됐든 그 말에 충격을 받아서 이런 말이 들릴 때까지 검사가 하는 말을 들으려고 하지 않았다.

"하다못해 피고인이 후회하는 것을 보셨나요? 결코 그러지 않았습니다, 여러분. 예심이 진행되는 동안 피고인은 단 한 번도 극악무도한 범죄를 뉘우치는 기색이 없었습니다."

그 순간 검사는 나를 향해 돌아서서 손가락질하며 계속 나를 압박했는데 그가 왜 그러는지 나는 실로 이해할 수 없었다. 물론 그가 옳다는 것을 나는 인정할 수밖에 없다. 실제로 나는 내 행동을 그리 후회하지 않았으니까. 그래도 그의 치열함에는 놀라지 않을 수 없었다. 나는 진정 무언가를 후회해본 적이 없다는 것을, 진심으로 친절하게 그에게 설명하고 싶었다. 그도 그럴 것이 나는 늘 당장 벌어질 일이나 오늘 또는 내일에 신경 쓰고 있었다. 하지만 당연히 내가 처한 그 상황에서 누구에게도 그런 말을 할 수 없었다. 나는 다정한 사람이고 선의로 행동하는 사람임을 보여줄 자격이 없었다. 그리고 검사는 내 영혼에 관해 이야기하기 시작했고 계속 그의 말에 귀를 기울였다.

검사는 내 영혼을 들여다보려고 했지만 아무것도 찾은 게 없다고 배심원들에게 말했다. 사실상 나에게는 영혼이나 인간적인 면모가 없어서 인간의 마음을 지켜줄 도덕 원칙 하나에도 접근할 수 없더라는 것이다. 그리고 이렇게 덧붙였다.

"아마도 피고인에게 왜 영혼이 없느냐고 비난할 수는 없을 것입니다. 그러나 이 법정에서는 쉽지 않겠지만, 관용이라는 해로운 미덕은 더욱 고귀한 미덕인 정의로 변해야 할 것입니다. 저 남자에게서 볼 수 있는 냉담함이 우리 사회를 무너뜨릴 나락이 될 경우에는 더욱 그렇습니다."

그때 엄마에 대한 내 태도를 거론했다. 그러면서 공판 내내 했던 말을 되풀이했다. 하지만 내 범죄에 대해서 변론할 때보다 훨씬 더 많은 시간을 할애했는데 너무 길었던 나머지 결국 나는 오전의 열기 외에는 아무것도 느낄 수 없게 됐다. 차장 검사가 논고를 멈췄다가 잠시 침묵한 후 목소리를 내리깔고 확신에 차서 다시 논고를 시작했을 때야 정신을 차렸다.

"여러분, 심지어 이 법정에서는 내일 극악무도한 범죄를 심판할 것입니다. 바로 아버지를 살해한 존속살인이죠."

그의 말마따나 이러한 잔인한 범죄는 상상조차 할 수 없는 것이었다. 그는 인간의 정의가 가차 없이 처벌하길 감히 바란다고 했다. 하지만 그는 그 범죄에 대한 공포보다 내 냉담함에서 느낀 공포가 더 크다고 기탄없이 말할 수 있다고 했다. 그에 따르면 어머니를 정신적으로 살해한 사람은 자신의 아버지에게 흉기를 휘두른 사람과 마찬가지로 사회를 스스로 등졌다는 것이다. 어찌 됐든 전자는 후자의 행위를 예고하는 것이고 어떤 면에서는 이를 공고하며 정당화하는 것이었다. "여러분, 저는 확신합니다. 저 자리에 앉아 있는 저 사람이 내일 저 자리에 앉을 살인자와 마찬가지로 유죄라고 주장하더라도 여러분은 제 생각이 지나치다고 여기지 않으실 겁니다. 피고인은 범죄 행위에 걸맞은 처벌을 받아야 합니다"라고 목소리를 높여 덧붙였다. 이때 검사는 땀으로 번들거리는 얼굴을 닦았다. 그러면서 자기의 사명은 고통스럽지만 정확하게 완수할 것이라고 말했다. 내가 가장 기본적인 규칙을 무시하므로 사회와는 무관한 사람이고 최소한의 감응도 모르기 때문에 인간미에도 호소할 수 없다고 주장했다. "저는 피고인에게 사형을 구형합니다. 중형을 구형하면서도 제 마음은 가볍습니다. 검사로 오래 일하는 동안 사형을 구형하는 일이 여러 차례 있었지만 오늘만큼은 이 고통스러운 책무가 절대적이고 신성한 계율의 양심에 따라 괴물로밖에 보이지 않는 한 사람의 얼굴에서 느끼는 공포로 보상받고 안정을 이루며 명료해지는 것을 느꼈기 때문입니다"라고 아퀴 지었다.

검사가 다시 자리에 앉자, 침묵이 다소 길게 이어졌다. 나로 말하자면 더위와 놀라움으로 정신이 어질어질했다. 재판장은 약간 기침하더니 낮은 목소리로 내게 더 할 말이 있느냐고 물었다. 나는 자리에서 일어나 무턱대고 그 아랍인을 죽일 의도는 없었다며 하고 싶었던 말을 했다. 그러자 재판장은 그것은 주장일 뿐이라고 내 변호 방식에 대해 잘못 알고 있었다며 이 자리에서 변호사의 변론을 듣기 전에 내 행동의 동기를 밝혀주면 좋겠다고 대답했다. 나는 내가 우스워질 줄 알면서도 재빨리 그 이유는 햇볕 때문이라고 두서없이 말했다. 법정 안에서 웃음소리가 터졌다. 변호사는 어깨를 으쓱하더니 곧장 발언권을 얻었다. 그는 시간이 지체됐고 앞으로 더 시간이 필요하므로 오후로 공판을 연기하자고 요청했다. 판사들은 이에 동의했다.

오후에도 거대한 선풍기들은 법정 안의 무거운 공기를 연거 푸 휘저었고 배심원들의 알록달록한 부채들은 같은 방향으로 펄 럭였다. 내 변호사의 변론은 당최 끝을 모르는 듯했다. 나는 어 느 순간 그의 말을 경청하게 됐다. "내가 죽인 건 사실입니다"라 고 말했기 때문이다. 그러고는 나에 대해 말할 때마다 '나'라는 표현을 쓰면서 같은 어조로 계속 말했다. 나는 퍽 놀랐다. 경관 에게 몸을 숙여 그 이유를 물었다. 그는 조용히 있으라며 잠시 사이를 둔 뒤 덧붙였다.

"모든 변호사가 으레 저렇게 해요."

저렇게 하면 나는 사건으로부터 배제되고 무능력한 사람이 되며 어떤 의미에서는 변호사가 나를 대신하는 것과 마찬가지라 고 생각했다. 하지만 이미 나는 이 법정과 아주 멀어졌다는 생각 이 들었다. 게다가 나는 변호사가 우습게 느껴졌다. 그는 검사의 선동에 대해 항변한 후 그 역시도 내 영혼을 거론했다. 게다가 검사보다 능력이 한참 떨어지는 것 같았다.

"저 또한 그의 영혼을 들여다봤습니다. 하지만 검찰을 대표하 는 뛰어난 검사님과는 달리, 저는 무언가를 발견했습니다. 그 속 이 훤히 들여다보였습니다."

그는 내가 정직한 사람인 데다 성실하고 지칠 줄 모르며 나를 고용한 회사에서는 충실한 사원이었다고 했다. 모든 사람이 나를 좋아하고 타인의 불행을 안타까워하는 사람이라는 것을 읽었다고 했다. 그가 생각하는 나는 능력이 되는 한 오랜 기간 어머니를 부양했던 귀감이 되는 아들이었다. 그래서 결국 나는 내 돈으로는 할 수 없는 편안함을 양로원이 어머니에게 제공할 수 있길 바랐다.

"여러분 저는 깜짝 놀랐습니다. 이런 양로원을 두고 왈가왈부하다니요. 이건 마치 이런 시설의 유용성이나 중요성을 증명해야 한다는 것과 같아서, 이 시설에 보조금을 지급하는 것은 국가라는 점을 짚고 넘어가야 하기 때문입니다."

다만 그는 장례에 대해서는 언급하지 않았는데 그의 변론에서 부족한 것은 그 점이었다. 하지만 그 모든 장광설과 낮 시간 내내 내 영혼에 관해 이야기하면서 끝나지 않을 것만 같은 시간들 때문에 모든 게 무색의 물로 변했고 그 속에서 나는 현기증을 느꼈다.

내가 기억하는 것이라고는, 결국 변호사가 쉬지 않고 변론하는 동안 여러 법정과 법원 건물들을 거쳐 거리에서 들려온 아이스크림 장수의 나팔 소리였다. 살면서 쌓아온, 이제는 내 것이 아닌 소소한 기억들이 덮쳐왔다. 그 안에는 더 없이 소박하고 잊히지 않는 기쁨이 있었다. 여름 냄새, 내가 좋아했던 동네, 밤하늘, 마리의 웃음과 원피스. 그때 이곳에서 벌어지는 모든 일이 내게 부질없다는 생각이 목구멍까지 차올랐고 내가 단지 기대하는 건 모든 게 끝나고 감옥으로 돌아가 잠을 청하는 것뿐이었다. 마지막 변론으로 변호사가 배심원들은 한순간의 일탈로 성실한 근로자를 죽음으로 내몰고 싶지 않을 것이고 저지른 범죄에 대해 내가 이미 깊이 뉘우치고 있으며 평생 양심의 가책을 느끼게 될 만큼 정상 참작을 바란다고 소리치는 걸 겨우 들을 수 있었다. 재판이 휴정되고 변호사는 진이 빠진 모습으로 자리에 앉았다. 그러자 그의 동료들이 다가와 그와 악수했다. "자네, 멋졌어!"라고 말하는 것을 들었다. 그중 한 명은 심지어 우리 측 증인으로 섰던 사람이었다. "그렇지 않아요?"라며 내게 동의를 구했다. 나는 동의하기는 했지만 너무 지쳐 있었기 때문에 그저 그렇게 대답했다.

밖에서 해가 기울기 시작했고 더위도 조금 사그라들었다. 도로의 소음이 들려와 밤의 포근함이 느껴졌다. 이곳에서 우리 모두는 기다리고 있었다. 우리 모두가 기다리는 그건 전적으로 나에 대한 것이다. 나는 또다시 법정 안을 둘러봤다. 모두 첫날과 같은 모습이었다. 회색 정장을 입은 기자와 자동인형 같은 여자와 시선이 마주쳤다. 그러는 통에 공판이 진행되는 동안 마리를 찾지 않았다는 생각이 들었다. 그녀를 잊지 않고 있었지만 깜빡할 정도로 내게는 해야 할 일이 많았던 것이다. 셀레스트와 레몽 사이에 앉은 마리가 보였다. 그녀는 내게 살짝 신호를 보냈는데 "이제 끝이 보여" 하는 것 같았다. 얼굴에는 수심이 가득했지만 웃고 있었다. 나는 마음이 무거워서 미소에 호응할 수조차 없었다.

다시 공판이 속개됐다. 배심원들에게 일련의 쟁점들이 빠르게 낭독됐다. 나는 '살인자'…… '계획적'…… '정상 참작'이라는 말을 들었다. 배심원들은 법정을 떠났고 나는 처음에 대기하고 있었던 작은 방으로 인도되었다. 변호사가 방으로 들어왔다. 내게 어느 때보다 자신 있고 다정하게 모든 일이 잘 풀릴 거라며 감옥이나 도형장(강제 노역을 형벌로 받은 도형수들이 모여 있는 감옥-역주)에서 몇 년만 살면 나올 것이라고 속사포처럼 말했다. 나는 불리한 판결이 내려질 경우 항소의 여지가 있는지 물었다. 그는 없다고 했다. 그의 전략은 배심원단의 심기를 건드리지 않기 위해 판결에 이의를 제기하지 않는 것이었다. 특별한 사유가 없는 한 판결을 쉽게 파기하지 않는다고 설명했다. 그 점은 분명해 보였다. 그래서 그의 의견을 순순히 따랐다. 냉정하게 생각해 보면 지극히 당연한 것이었다. 그 반대의 경우에는 쓸데없이 서류들만 오갈 것이다. "어찌 됐든 항소할 수는 있어요. 하지만 유리한 판결이 나올 거라고 확신합니다"라고 변호사는 말했다.

우리는 오랜 시간을 기다려야 했다. 약 45분 정도인 것 같다. 마침내 종이 울렸다. 변호사는 "배심원 대표가 평결문을 읽을 겁니다. 당신은 판결이 선고될 때 들어오실 겁니다"라며 나를 남겨두고 나갔다. 문이 닫히는 소리가 여러 번 들렸다. 사람들이 계단을 오르내렸는데 멀어지는 것인지 가까워지는 것인지 알 수 없었다. 잠시 후 법정 안에서 무언가를 읽는 소리가 어렴풋이 들렸다. 다시 종이 울리면서 피고인석의 문이 열렸고 법정 안의 침묵이 나를 엄습했다. 젊은 기자가 내게서 시선을 돌렸을 때, 그 침묵이 이상한 감정으로 다가왔다. 나는 마리 쪽을 쳐다보지 않았다. 재판장이 프랑스 국민의 이름으로 광장에서 목이 잘릴 것이라는 식으로 이상하게 말했기 때문에 쳐다볼 여력이 없었다. 그제야 모두의 표정에서 읽은 감정이 무엇인지 알 것 같았다. 아마도 나를 위한 배려였으리라. 경관들은 나를 무척 친절하게 대했다. 변호사는 내 손목 위에 자기 손을 얹었다. 나는 더 이상 아무런 생각도 들지 않았다. 재판장이 내게 하고 싶은 말이 있는지 물었다. 곰곰이 생각하다가 "없습니다"라고 대답했다. 그리고 경관은 나를 데리고 나갔다.

5

나는 사제의 면회를 세 번째 거절했다. 딱히 할 말이 없었고 이야기하고 싶지도 않았다. 그러지 않아도 곧 만나게 될 것이다. 지금 내가 관심 있는 것은 그 기계 장치에서 벗어나 불가피한 상황에서 탈출할 수 있느냐는 것이다. 내 감방이 바뀌었다. 이 감방에서는 누우면 하늘이 보였기 때문에 나는 하늘만 바라봤다. 온종일 낮이 밤으로 변하면서 변주되는 하늘의 빛깔을 지켜보며 보낸다. 손을 목에 받치고 누워서 기다린다. 사형수들이 무자비한 기계 장치를 피하거나 처형되기 전에 사라지거나 경찰의 출입 통제선을 끊은 사례가 있을지 몇 번이고 자문했다. 사형 집행에 대해 그간 왜 관심을 가지지 않았는지 나 자신을 탓했다. 항상 이런 문제들에 관심을 가져야 한다. 무슨 일이 일어날지 아무도 모르기 때문이다. 다른 사람들처럼 나 역시 신문에 실린 기사들을 읽었다. 분명 전문 서적이 있었을 텐데, 읽고 싶은 마음이 들지 않았었다. 읽었다면 아마도 그 속에서 탈옥에 관한 이야기를 발견할 수 있었을 것이다. 어떤 경우에는 장치의 톱니바퀴가 멈추거나, 불가항력적인 계획 속에서 우연이나 요행이 적어도 한 번은 무언가를 바꿨음을 알게 됐을지 몰랐다. 단 한 번! 어떻게 보면 그것만으로도 충분하겠다고 생각한다. 나머지는 내 마음이 처리할 것이다. 신문에서는 종종 사회에 진 부채에 대해 다뤘다. 그들에 따르면 그 부채는 갚아야 하는 것이다. 하지만 그런 기사는 상상력을 자극하지 못한다. 중요한 건 탈출 가능성, 무자비한 집행에서 벗어나는 것, 그리고 희망의 모든 기회를 향해 미친 듯이 내달리는 것이었다. 물론 여기서 희망이란 힘껏 달리는 도중에 길모퉁이에서 날아온 총알에 맞아 쓰러지는 것을 의미한다. 하지만 모든 걸 고려해보면 내게 어떠한 호사도 허용되지 않았고 모든 것이 호사를 가로막았으며 기계 장치는 다시 나를 사로잡았다.

나는 선의를 가지고 있었지만 이 무례한 확신을 받아들일 수 없었다. 결국 그 확신에 기초한 판결과 이 판결이 선고된 순간부터 냉정한 집행 사이에는 어처구니없는 불균형이 존재했기 때문이다. 판결이 오후 5시가 아닌 8시에 내려졌다는 사실, 그래서 판결이 달라졌을 수도 있다는 사실, 손바닥 뒤집듯 변하기 쉬운 사람들이 정했다는 사실, 그리고 판결이 프랑스(혹은 독일이나 중국) 국민이라는 애매모호한 개념을 토대로 내려졌다는 사실, 이 모든 것 때문에 이러한 결정에서 신중함이 상당히 모자란 듯했다. 하지만 나는 판결이 결정된 순간부터 그 효력이 감방에서 내 몸을 옥죄는 벽의 존재만큼이나 분명하고 신중하다는 것을 인정해야 했다.

요사이 엄마가 아버지에 대해 해준 이야기가 떠올랐다. 나는 아버지에 대해서 아는 것이 없었다. 그 남자에 대해 내가 확실하게 아는 거라고는 아마도 엄마가 들려준 이야기가 전부일 것이다. 아버지는 살인자의 사형 집행을 보러 간 적이 있었다. 그곳에 갈 생각만으로도 아버지는 병이 날 것만 같았다. 그래도 집행을 보러 갔고 돌아오는 길에 아침에 먹은 것을 토했다. 당시 아버지가 약간은 혐오스럽다고 생각했다. 하지만 이제는 지극히 당연한 반응이라는 것을 안다. 사형 집행보다 중요한 건 없고 그래서 한 사람에게 유일하게 흥미로운 일이라는 사실을 내가 어째서 몰랐던 것인가! 내가 혹시라도 이 감옥에서 나가게 된다면 모든 사형 집행을 빠짐없이 보러 다닐 것이다. 지금 생각하면 그럴 가능성을 가늠해본 것은 잘못이었다. 어느 이른 아침에 자유로운 몸으로, 건너편에서 경찰의 출입 통제선 뒤에 서서 사형 집행을 보러 왔다가 나중에 구토할 수도 있는 구경꾼이 된다고 생각하는 것만으로도 마음속에서 미칠 듯한 기쁨이 한껏 일어났기 때문이다. 하지만 이성적이지 못한 생각이었다. 이런 가정들을 되는대로 떠올리면서 시간을 보낸 것은 잘못이었다. 곧바로 지독한 한기를 느껴 이불 속으로 파고들었기 때문이다. 추위를 참기 힘들어 이가 덜덜 떨렸다.

사람은 당연히 항상 이성적일 수 없다. 그러므로 이런 것을 생각해볼 수 있다. 가령 내가 법안을 만들고 형법을 개정했다고 치자. 골자는 사형수에게 기회를 주는 것이다. 천 명 중 한 명꼴로 기회를 주는 것만으로도 많은 걸 개선하기에 충분할 거다. 따라서 사형수(나는 집행을 기다리는 사형수를 떠올렸다)가 흡입하면 열에 아홉은 죽일 수 있는 화학 결합을 찾을 수 있을 것 같았다. 조건은 사형수도 이 사실을 알고 있어야 한다. 숙고하며 차분히 생각해본 결과, 나는 단두대 칼날의 결함이란 단연코 어떠한 기회도 주지 않는다는 것임을 깨달았다. 그런 까닭에 사형수의 죽음은 단번에 결정된다. 그것은 이미 종결된 사건이고 확실하게 구성됐으며 합의가 이루어졌기 때문에 되돌릴 수 없었다. 만에하나 처형에 실패하면 다시 시작했다. 그래서 고약한 점은, 사형수는 차라리 기계가 제대로 작동하기를 바랄 수밖에 없다는 것이었다. 나는 이것이 결함이라고 생각했다. 어떤 의미에서 이것은 사실이다. 하지만 다른 의미에서 보면 나는 훌륭한 조직의 모든 비밀이 여기에 있다는 것을 인정해야 했다. 요컨대 사형수는 정신적으로 협조할 수밖에 없다. 모든 일이 순조롭게 진행되어야만 그에게는 이득인 것이다.

나는 지금까지 이런 문제들에 대해 정확하지 않은 생각들을 가지고 있었음을 또한 깨달을 수밖에 없었다. 어째서인지는 몰라도 퍽 오래전부터 단두대로 가려면 계단을 기어오르다시피 올라가야 할 것으로 생각해왔다. 하지만 지금 보니 그렇게 생각하게 된 이유는 1789년 프랑스혁명이 시초였고, 단두대에 대해 배웠거나 보게 됐던 것들이 또한 원인이었다. 그런데 어느 날 아침, 어떤 사형 집행으로 세간이 떠들썩해 여러 신문에 실렸던 사진이 기억났다. 실제로 단두대 기계는 땅바닥에 설치되어 있었고 형태는 비할 바 없이 단순했다. 생각했던 것보다 폭도 더 좁았다. 좀 더 빨리 생각해내지 못했다니. 우스운 일이었다. 그래서 사진에서 그 기계를 보고 정밀하고 정교하며 기발한 제작물이라고 생각했던 것이 기억에 남았다. 사람은 자기가 알지 못하는 것에 대해서는 과장된 생각을 가지게 마련이다. 그래서 나는 오히려 모든 게 단순하다는 것을 알게 됐다. 단두대가 그걸 향해 다가가는 사람과 높이가 비슷했던 것이다. 그래서 사람과 사람이 마주치는 것처럼 마주하게 된다. 이 부분 역시 난처했다. 단두대로의 상승, 하늘로의 승천, 이런 상상이 관련됐을 수 있다. 하지만 이번에도 이 기계는 모든 것을 부숴버렸다. 약간의 수치심과 함께 고도의 정확성으로 슬그머니 사람을 죽이는 것이다.

내 머릿속에서 떠나지 않는 두 가지가 있었다. 바로 새벽과 항소다. 나는 이성적으로 생각하면서 그것을 더 이상 생각하지 않으려고 애썼다. 나는 누워서 하늘을 바라봤고 하늘만을 생각하려고 노력했다. 하늘은 초록빛이 돌고 있었는데 어느덧 저녁이었다. 생각의 흐름을 바꾸려고 계속 애썼다. 그래서 심장 소리에 귀를 기울였다. 오래전부터 나와 함께해온 이 소리가 영원히 멈출 수 있다는 것은 상상조차 할 수 없었다. 나는 상상력이라고는 없지만 이 심장 소리가 내 머릿속에서 지속되지 않을 어떤 순간을 상상하려고 했다. 하지만 헛수고였다. 새벽과 항소 생각이 떨쳐지지 않았다. 결국 억지로 생각을 떨쳐내려고 하지 않는 것이 가장 합리적인 일이라는 생각이 들었다.

그들이 새벽에 온다는 사실을 나는 알고 있었다. 그 새벽을 기다리며 여러 밤을 보냈다. 나는 예상치 못한 일을 겪는 것을 싫어했다. 무슨 일이 벌어졌을 때 마음의 준비가 된 상태를 선호했다. 그래서 결국 낮에는 자고 밤에는 유리창 위로 빛이 들기까지 꾹 참고 기다렸다. 그들이 평소 집행할 것이라 예상되는 시간이 가장 힘들었다. 자정이 지나면 기다리면서 주변을 살폈다. 내 귀는 그토록 희미한 소리를 구별하고 그 정도로 많은 소음을 감지한 적이 없었다. 게다가 어떤 면에서 나는 여기에 있는 동안 운이 좋았다고 할 수 있다. 발걸음 소리를 들은 적이 없기 때문이다. 엄마는 사람이 완전히 불행할 수만은 없다고 종종 말했었다. 하늘이 물들고 새로운 하루의 태양이 감방 안으로 스며들 때면 나는 감옥에서 그 말을 인정했다. 마찬가지로 발걸음 소리가 들려서 심장이 터져버렸을 수도 있었을 테니. 작은 기척이라도 들릴라치면 문으로 몸을 던져 나무판자에 귀를 바짝 대고 기다리다가 내 숨소리가 개가 헐떡이는 소리와 비슷하다고 생각하면서 놀랐을지언정 내 심장은 터지지 않았고 나는 또 스물네 시간을 얻은 셈이었다.

낮에는 내내 항소를 생각했다. 나는 이 항소 생각을 최대한 이용했던 것 같다. 그 결과를 가늠해보고 이런저런 생각을 하면서 최상의 결과를 얻었다. 나는 언제나 최악의 상황만을 상상했다. 바로 항소가 기각되는 것이다.

"그러면 나는 그냥 죽는 거지."

다른 사람들보다 일찍 죽는다는 것은 분명했다. 그러나 삶이 꼭 살 만한 가치가 있는 것이 아님은 모두가 알고 있다. 사실 서른에 죽든 예순에 죽든 죽는 나이는 그리 중요하다고 생각하지 않는다. 그도 그럴 게 자연히 두 경우 모두 다른 남자들과 여자들은 살아 나갈 것이고 이는 수천 년 동안 그러했다. 요컨대 이보다 분명한 것은 없다. 지금이든 20년 후든 죽는 것은 어찌 됐든 나였다. 다만 이 순간 이런 추론에서 조금 괴로웠던 것은 다가올 20년의 삶을 생각할 때 느꼈던 끔찍한 약동이었다. 그래서 나는 20년 후 죽음을 맞이할 순간에 내가 어떤 생각을 할지 상상하면서 이 감정을 억누를 뿐이었다. 죽을 때 어디서 어떻게 죽는지는 중요하지 않다. 명백한 것은 죽는다는 사실이다. 그러므로(그리고 어려운 점은 이 '그러므로'가 추론이 의미하는 모든 것을 놓치지 않는 데 있다), 나는 내 항소가 기각될 가능성을 받아들일 수밖에 없었다.

이 순간에 이르러서야 나는 두 번째로 가정해볼 수 있는 권리, 이를테면 권한을 자신에게 허용했다. 그 가정이란 사면을 받는 것이다. 이럴 때 성가신 일이라면 미칠 듯한 기쁨으로 눈을 찌르는 피와 살의 흥분을 누그러뜨려야 한다는 점이다. 기쁨의 비명도 절제하고 이성적이어야 했다. 이러한 가정에서도 자연스러운 태도를 취해야 첫 번째 가정에서 나의 체념을 더 납득하게 만들 수 있다. 그것에 성공하면 한 시간 동안 평정을 되찾았다. 어찌 됐든 이 또한 숙고할 만한 것이었다.

내가 사제의 면회를 한 번 더 거절한 것은 이와 비슷한 시기였다. 나는 누워서 하늘이 황금색으로 물드는 것을 보고 여름밤이 오고 있음을 감지했다. 나는 막 항소를 거절했고 내 안에서 피가 규칙적으로 흐르는 것을 느낄 수 있었다. 그래서 사제를 만날 필요는 없었다. 꽤 오랜만에 처음으로 마리를 생각했다. 그녀의 편지가 오지 않은 지도 오래됐다. 그날 저녁 나는 곰곰이 생각한 끝에 마리가 사형수의 애인 노릇에 지친 것이 아닐까 싶었다. 또 이런 생각도 들었다. 마리가 아프거나 죽었을 수도 있다고. 그것은 자연의 이치다. 내가 그녀의 사정을 어찌 알 수 있겠는가. 이제는 두 육체가 따로 떨어져 있어 우리를 이어주는 건 아무것도 없고 서로를 떠올릴 만한 것도 없으니 말이다. 더군다나 그 순간부터 마리와의 추억이 내게는 별거 아닌 것처럼 느껴졌다. 죽었다면 그녀는 이제 내 관심사 밖이었다. 내가 죽고 나면 사람들은 나를 잊을 것이라는 사실을 분명하게 알고 있기에 나로서는 지극히 당연한 생각이었다. 사람들은 더 이상 나와 아무런 관계가 없었다. 나는 생각하기에 괴롭다는 말조차 할 수 없었다.

바로 그 순간 사제가 들어왔다. 그를 보자마자 나는 살짝 움찔했다. 그런 내 모습을 보고 사제는 걱정할 것 없다고 말했다. 내가 보통 이 시간에는 안 오지 않느냐고 물었다. 내 항소와는 상관없이 걱정스러운 마음에 방문한 것이며 항소에 대해서는 아는 바가 없다고 대답했다. 그는 내 침상에 앉아서 자기 옆으로 오라고 했다. 나는 거절했다. 그런데도 그에게서 푸근함이 느껴졌다.

그는 팔을 무릎에 올려놓고 고개는 숙인 채 손을 응시하면서 잠시 앉아 있었다. 손은 가늘면서도 근육이 붙어 있어서, 보고 있자니 두 마리의 민첩한 동물이 떠올랐다. 그는 두 손을 비볐다. 꽤 오랫동안 그렇게 잠자코 있다가 또다시 고개를 숙이고 있어서 나는 잠시나마 그의 존재를 잊을 뻔했다.

그러다 고개를 불쑥 들고 나를 정면으로 쳐다봤다.

"왜 내 면회를 거절한 겁니까?"

나는 신을 믿지 않아서라고 대답했다. 그는 내가 신이 없다고 확신하는지 물었고 나는 그런 걸 생각할 필요가 없다고 말했다. 그런 질문이 내게는 하나도 중요하지 않아 보였기 때문이다. 그는 몸을 뒤로 젖혀 벽에 등을 기댔고 손을 펴서 허벅지에 올려 뒀다. 그는 혼잣말처럼 우리가 가끔 확신한다고 생각하지만 실제로는 그렇지 않은 것들이 있음을 알게 됐다고 말했다. 나는 잠자코 있었다. 그가 나를 보면서 물었다.

"어떻게 생각하십니까?"

나는 그럴 수 있다고 대답했다. 여하튼 내가 진정 무엇에 관심이 있는지 확신할 수는 없었지만 무엇에 관심이 없는지는 확실했다. 그리고 사제가 내게 하려는 말에는 관심이 없었다.

그는 그대로 앉아서 눈을 돌렸고 그렇게 과할 정도로 절망스럽게 말하는 이유가 무엇인지 물었다. 나는 절망적인 사람이 아니기 때문이라고 설명했다. 단지 무서울 뿐이었고 이런 감정은 자연스러운 것이었다.

"그래도 신이 당신을 도울 겁니다. 내가 알았던 모든 사람은 당신과 같은 상황에서 신에게 돌아갔습니다."

그것은 그들의 권리임을 나는 인정했다. 사람들에게는 그럴 만한 시간이 있었다는 것도 보여준다. 하지만 나로서는 나를 돕지 않길 바랐다. 단지 관심 없는 일에 관심을 둘 시간이 내게는 없었다.

그때 사제는 화가 난다는 손짓을 했다. 일어서서 사제복의 주름을 정리했다. 그러고는 나를 "나의 친구"라고 불렀다. 내가 사형수여서 그런 말을 한 것은 아니었다. 그에게는, 우리는 모두 사형 선고를 받은 셈이었다. 나는 그의 말을 막고 경우가 똑같지 않다고 말했다. 그런 말이 결코 위로가 될 수 없었다.

"물론 그렇지요. 만약 당신이 오늘 죽지 않는다면 언젠가 더 늦게 죽게 되는 것일 뿐이죠. 그래서 다르지 않다는 겁니다. 이런 끔찍한 시련을 어떻게 견딜 겁니까?"

나는 지금과 같은 방식으로 견딜 것이라고 대답했다.

사제는 그 말을 듣고는 일어서서 내 눈을 똑바로 바라봤다. 나는 그게 뭔지 잘 알고 있었다. 에마뉘엘이나 셀레스트와 그런 놀이를 했는데 보통 그들이 시선을 먼저 돌렸다. 사제 역시 그게 무슨 놀이인지 알고 있음을 나는 곧장 알아챘다. 그의 시선은 떨리지 않았던 것이다. "일말의 희망도 없이 모두가 죽게 된다는 생각으로 살고 있는 겁니까?"라고 묻는 목소리도 떨리지 않았다. 나는 "그렇습니다"라고 대답했다.

그러자 그는 고개를 숙이고 다시 자리에 앉았다. 그는 내가 참 안됐다고 말했다. 그는 그렇게는 사람이 견딜 수 없다고 생각했다. 하지만 나로서는 그가 성가시다는 생각만 들 뿐이었다. 이번에는 내가 돌아서서 창으로 갔다. 그리고 벽에 어깨를 기댔다. 그가 아닌 다른 것을 보고 있었는데 나를 다시 추궁하려고 했다. 사제는 걱정스럽고 다급한 목소리로 말했다. 그가 기분이 상했다는 것을 알고는 그의 말에 더 귀를 기울였다.

그는 내 항소가 통과될 것임을 확신한다고 말했지만 나는 내가 없어져야 치를 수 있는 과오의 무게를 지고 있었다. 사제는 인간의 정의는 아무것도 아니며 신의 정의가 전부라고 했다. 나는 그 첫 번째 정의가 나에게 형벌을 선고한 것이라고 힘주어 말했다. 그렇다고 해서 내 죄가 씻기는 것은 아니라고 그는 대답했다. 그래서 나는 무엇이 죄인지 모르겠다고 말했다. 사람들은 그저 내가 죄인이라는 것만 알려줬다. 나는 죄인이고 죗값을 치르고 있으므로 그 외 다른 것을 내게 요구할 수 없었다. 그때 그는 다시 한번 일어섰다. 좁디좁은 이 감방에서 그가 움직이고 싶을 때는 앉거나 일어서는 것을 제외하고는 달리 방법이 없다는 생각이 들었다.

나는 땅바닥을 응시했다. 사제는 내게 한 걸음 다가왔다가 더 다가올 엄두가 나지 않는 듯이 멈춰 섰다. 창살 너머로 하늘을 쳐다봤다.

"아들이여, 당신은 잘못 알고 있습니다. 당신에게 그 이상도 요구할 수 있습니다. 아마도 이런 것을 원할 것입니다."

"그게 뭔가요?"

"보라는 것이죠."

"무엇을 봅니까?"

사제는 그 주변의 모든 것을 쳐다보고는 지친 기색이 완연한 목소리로 대답했다.

"모든 돌에서 고통의 땀이 스며 나온다는 것을 저는 알고 있습니다. 그래서 불안 없이 돌들을 본 적이 없죠. 하지만 마음 깊은 곳에서 나는 당신들 가운데 가장 비참한 사람도 어둠 속에서 신성한 신의 얼굴이 떠오르는 것을 봤다는 걸 알고 있습니다. 당신에게 보라고 했던 것이 바로 그 얼굴이죠."

나는 약간 고무됐다. 몇 개월 전부터 나는 이 벽들을 보고 있었다고 말했다. 벽에서 이 세상에 내가 제일 잘 아는 사람의 얼굴은 없었다. 아마도 꽤 오랫동안 어떤 얼굴을 찾고 있던 것일지도 모른다. 하지만 그 얼굴은 태양의 햇빛과 욕망의 불꽃을 품고 있었다. 마리의 얼굴이었다. 나는 마리의 얼굴을 찾으려 했지만 헛수고였다. 하지만 그것도 지금은 끝났다. 여하튼 나는 돌에서 그런 땀이 스며 나오는 것을 결코 본 적이 없다.

사제는 슬픈 듯 나를 바라봤다. 나는 벽에 완전히 기대고 있었고 햇볕이 이마 위로 쏟아졌다. 그가 내게 몇 마디 했지만 들리지 않았다. 내게 포옹해도 되는지 재빨리 물었다. 나는 "아뇨"라고 대답했다. 그는 돌아서서 벽으로 걸어가서는 손으로 벽을 천천히 어루만졌다. "이 땅이 그렇게나 마음에 듭니까?"라고 중얼거렸다. 나는 아무런 대답도 하지 않았다.

그는 오랜 시간 돌아선 채 있었다. 그의 존재가 무겁게 느껴져서 불편했다. 여기서 나가라고 나를 놔두라고 말하려던 찰나 나를 향해 돌아서더니 별안간 소리를 질렀다.

"아니요! 나는 당신을 믿을 수 없습니다. 당신이 또 다른 삶을 바랐던 때가 틀림없이 있었을 거라고 확신합니다."

당연히 그랬을 수도 있지만 부자가 되거나 수영을 아주 잘하거나 완벽한 입매를 가지고 싶다는 바람만큼이나 그것은 중요하지 않았다. 내게는 이것들과 크게 다르지 않았다. 그는 내 말을 끊고 다른 삶을 어떻게 생각하는지 알고 싶다고 했다. 그래서 나는 "이 삶에서 추억할 수 있는 것도 하나의 삶입니다!"라고 소리를 지르며 넌덜머리가 난다고 말했다. 그는 내게 아직도 신에 대해 이야기하려고 했다. 그래서 나는 그에게 다가가 내게 남은 시간이 얼마 되지 않는다는 점을 마지막으로 설명하려고 애썼다. 그 귀한 시간을 신한테 허비하고 싶지 않았다. 그가 화제를 돌려 자기를 왜 '우리 아버지(가톨릭에서 신부를 부를 때 쓰는 표현이다-역주)'가 아닌 '선생님'으로 부르는지 물었다. 그런 행동이 나를 더 짜증 나게 했다. 나는, 당신은 내 아버지가 아니고 다른 사람들 편에 있는 사람이라고 대답했다.

"아들이여, 그렇지 않습니다. 저는 당신 편에 있어요. 그런데 당신의 마음은 눈이 멀어서 제대로 보지 못하는 겁니다. 당신을 위해서 나는 기도할 거예요."

그는 내 어깨에 손을 올리며 말했다. 나는 이유는 모르겠지만 내 안에서 무언가가 터져버렸다. 그에게 욕을 퍼부으며 기도하지 말라고 소리쳤다. 사제의 로만 칼라를 움켜쥐었다. 나는 그에게 기쁨과 분노가 뒤섞인 감정과 함께 마음속에 있던 모든 것을 쏟아냈다. 당신은 확신에 차 있어, 안 그래? 하지만 당신의 어떤 확신도 여자의 머리카락 한 올만큼의 가치가 없어. 당신은 죽은 사람처럼 살고 있으니 살아 있는 것인지조차 확신할 수 없어. 나로 말하자면 빈손인 것 같겠지만 나는 나 자신에게 확신이 있고 모든 것에 확신이 있기 때문에 내 삶과 다가올 내 죽음에 대해 당신보다 더 확신이 있어. 그래, 내가 가진 건 이것뿐이야. 하지만 적어도 나는 이 진실이 나를 붙들고 있는 만큼 나 역시 이 진실을 붙잡고 있어. 나는 예전에도 옳았고 여전히 옳으며 항상 옳아. 나는 그런 식으로 살았지만 다른 방식으로 살 수도 있었어. 나는 이런 일은 했지만 저런 일은 하지 않았어. 이런 일을 하면서 다른 일은 하지 않았지. 이후에는 어떻게 됐느냐고? 나는 언제나 나를 증명하게 될 이 순간과 이 새벽을 기다렸던 것 같아. 어떤 것도, 어느 것도 중요하지 않아. 나는 그 이유를 알고 있어. 당신 역시 그 이유를 알고 있을 거야. 나의 부조리한 이 생애 동안, 내 미래의 깊은 곳에서부터 어두운 숨결이 아직 오지 않은 세월을 거쳐 나를 향해 올라왔고, 이 숨결은 내가 살고 있는 비현실적인 세월을 지나가면서 내게 제안된 것들을 다 비슷비슷하게 만들어버리지. 타인의 죽음이 나와 무슨 상관이 있을까, 어머니의 사랑, 어머니가 믿는 신, 우리가 선택한 삶과 운명인들 중요할까. 단 하나의 운명이 나뿐만 아니라 수십억의 특권층을 선택했지. 당신처럼 그들도 자기가 내 형제라고 말해. 알아들었어, 이제는 이해했어? 모든 이가 특권을 가지고 있어. 그래서 결국 특권층만이 있는 것이지. 다른 이들에게도 언젠가는 선고를 내릴 거야. 당신 역시도 선고받을 것이고. 어머니의 장례식 날, 눈물을 흘리지 않았다고 살인죄로 기소된 사람이 처형당하는 게 중요할까? 살라마노 영감의 개는 그에게 아내와 같은 존재였어. 자동인형 같은 키가 작은 여자도 마송이 결혼한 파리 여자만큼 죄를 저질렀고 나와 결혼하고 싶어 하던 마리도 마찬가지야. 레몽도, 그보다 더 친한 셀레스트와 마찬가지로 내 친구라는 점이 무슨 상관이겠어? 마리가 오늘 또 다른 뫼르소에게 입술을 내민다 한들 무슨 상관이겠느냐고. 이제 이해하겠어, 이 사형수를. 내 미래의 깊은 곳에서부터…… 나는 숨이 막힐 정도로 소리를 질렀다. 그런데 이미 교도관들이 나를 사제에게서 떼어내고 제압했다. 하지만 사제는 사람들을 진정시키고 나를 잠시 조용히 바라봤다. 그의 눈에는 눈물이 가득 고여 있었다. 그는 돌아섰고 이내 사라졌다.

그가 떠나고 나는 평정을 되찾았다. 나는 진이 다 빠져서 침대에 몸을 던졌다. 얼굴에 별빛이 닿아 깨어난 걸 보니 까무룩 잠이 들었던 것 같다. 들판에서 나는 소리가 내 귀에까지 들렸다. 밤, 땅 그리고 소금의 향기가 내 관자놀이를 식혀줬다. 잠든 여름의 완벽한 평화가 내 안으로 밀물처럼 밀려왔다. 그때 밤의 끄트머리에서 뱃고동이 울렸다. 그 소리는 이제는 내게 무관심한 세상으로의 출발을 알렸다. 오랜만에 엄마가 생각났다. 나는 엄마가 왜 삶의 끝자락에서 '약혼자'를 만들었는지, 왜 다시 시작하는 놀이를 했는지 알 것 같았다. 그곳, 그곳에서도 역시, 생명이 사라지는 그 양로원 주변으로, 저녁은 마치 우수 어린 휴식과 같았다. 죽음이 임박해서 엄마는 해방감을 느꼈고 새롭게 다시 살 준비가 되었던 것이다. 누구도, 어떤 사람도 엄마를 위해 울 자격이 없다. 나 역시도 새롭게 다시 살 준비가 됐다. 전조와 별이 가득한 이 밤을 뒤로하고 좀 전의 분노가 악을 정화하고 희망을 비우게 만든 것처럼 나는 처음으로 세상의 온화한 무관심에 마음이 열렸다. 세상이 나와 다르지 않았고 결국 형제애를 느꼈다는 점에서 나는 지금까지 행복했고 지금도 행복하다는 것을 깨달았다. 모든 것이 마무리되고 덜 외롭기 위해서, 내게 남은 일은 처형당하는 날 많은 관중이 모여 증오의 함성을 지르며 나를 환영해주길 바라는 것뿐이었다.

작가 연보

1913년 11월 7일. 알제의 몽도비에서 프랑스계 알제 이민자 집안의 아들
로 태어나다.

1923년 프랑스의 중등학교 리세에 입학하다.

1930년 알제 대학에 입학했으나 폐결핵으로 학업을 중단하다. 이 시기에
평생의 스승인 장 그르니에를 만나다.

1934년 시몬 이에와 결혼하다.

1935년 플로티누스에 관한 논문으로 철학 학사 학위 과정을 마치다. 에세
이집 《안과 겉》 집필을 시작하다.

1936년 시몬 이에와 결별하다. 알제 대학을 졸업하고 친구들과 함께 '노동
극단'을 창단하다.

1937년 희곡 〈아스튀리의 반란〉을 집필하나 상연이 금지되다.

1938년 에세이집 《안과 겉》을 발표하다. 〈알제 레퓌블리캉〉지의 기자로 일
하다.

1940년 〈파리 수아르〉지에서 일하다. 수학자이자 피아니스트인 프랑신 포
르와 결혼하다.

1942년 소설 《이방인》, 철학적 에세이 《시지프 신화》를 발표하다.

1943년 레지스탕스 비밀 지하 신문 〈콩바〉의 편집진으로 참여하다.

1944년 희곡 〈오해〉, 〈칼리굴라〉를 책 한 권으로 엮어 발표하다.

1947년 소설 《페스트》를 발표하다.

1949년 폐결핵이 재발하여 2년간 은둔생활을 하다.

1951년 철학적 문제작 《반항하는 인간》을 발표하다.

1956년 소설 《전락》을 발표하다.

1957년 노벨 문학상을 수상하다.

1960년 1월 4일, 몽트로 근교 빌블르뱅에서 교통사고로 사망하다. 프랑스 남부 시골 마을 루르마랭의 공동묘지에 묻히다. 훗날 아내 프랑신 카뮈도 함께 묻히다.

이방인

초판 1쇄 인쇄 2023년 10월 11일
초판 5쇄 발행 2025년 2월 17일

지은이 알베르 카뮈
옮긴이 구영옥
펴낸이 이효원
편집인 송승민
마케팅 추미경
디자인 양미정(표지), 이수정(본문)
펴낸곳 올리버
출판등록 제395-2022-000125호
주소 경기도 고양시 덕양구 삼송로 222, 101동 305호(삼송동, 현대헤리엇)
전화 070-8279-7311   **팩스** 02-6008-0834
전자우편 tcbook@naver.com

ISBN 979-11-94381-20-4 04080
      979-11-89550-89-9 (세트)

올리버 세계교양전집 목록